북즐 지식백과 시리즈 2

알 아 두 면
쓸 데 있 는
3 분 생 활
경 제 상 식

**안종군** 지음

북줄 지식백과 시리즈 2

알아두면 쓸 데 있는
# 3분 생활 경제 상식

펴 낸 날   초판 1쇄 2018년 9월 19일

지 은 이   안종군
펴 낸 곳   투데이북스
펴 낸 이   이시우
교정·교열   안종군
편집 디자인   박정호
출판등록   2011년 3월 17일 제305-2011-000028 호
주　　소   서울특별시 성북구 아리랑로 19길 86(정릉2차 대주피레오)
　　　　　상가동 104호
대표전화   070-7136-5700  팩스 02) 6937-1860
홈페이지   http://www.todaybooks.co.kr
페이스북   http://www.facebook.com/todaybooks
전자우편   ec114@hanmail.net

ISBN  978-89-98192-69-3  13320

이 도서의 국립중앙도서관 출판예정도서목록(CIP)은 서지정보유통지원시스템
홈페이지(http://seoji.nl.go.kr)와 국가자료공동목록시스템(http://www.nl.go.
kr/kolisnet)에서 이용하실 수 있습니다.(CIP제어번호: CIP2018027159)

북즐
지식백과
시리즈
02

# 알아두면 쓸 데 있는
# 3분 생활 경제 상식

안종군 지음

투데이북스
TodayBooks

# 차 례

## 제1장 생활편

## 제2장 경제편

## 제3장 기타

# 머리말

일생을 살아가면서 필요한 것은 수없이 많지만 그중에서도 경제
는 우리가 반드시 알고 있어야 할 영역에 속한다. 우리 삶은 경제
생활의 연속이기 때문이다. 하지만 경제는 범위가 무척 광범위하기
때문에 쉽게 다가가기 어렵다. 이 책은 '전문적인 내용은 차치하고
라도 우리가 일상생활에서 반드시 알아야 하는 개념을 정리한 책
은 없을까?', '뉴스에서 나오는 용어만이라도 이해할 수 있다면 세
상이 어떻게 흘러가는지 정도는 알 수 있지 않을까?'라는 고민에서
비롯됐다.

'아는 만큼 보인다'라는 말처럼 우리가 살고 있는 세상에는 '몰라
도 먹고 사는 데는 지장이 없지만, 알고 나면 세상을 좀 더 수월하
게 살아갈 수 있는 지식'이 많이 존재한다. 그중 '경제'가 대표적인
예라 할 수 있다. 이 책은 우리의 일상생활 속에서 반드시 알아야
할 경제 개념을 '생활편', '경제편', '기타'로 나눠 일목요연하게 구성
했다.

단순한 개념은 인터넷 검색을 통해 쉽게 찾아볼 수 있지만 그 경제 용어가 탄생하게 된 배경과 의미, 인과 관계 그리고 시대상까지 담아낸 책은 드물다는 점에 착안해 가능하면 짧고 간결하게 반드시 필요한 내용만을 서술했다.

이 책이 이 세상의 모든 경제 개념을 담고 있다고는 할 수 없지만 적어도 세상을 넓게 바라보고 일상생활 속에서 경제와 관련된 문제에 부딪혔을 때 좀 더 능동적이고 유연하게 대처하는 데는 많은 도움이 되리라고 생각하며, 이 책을 읽는 독자들의 일상의 삶에 조금이나마 도움이 됐으면 하는 바람을 가져본다.

2018년 9월
저자 안종군

제1장

# 생활편

# 가스라이팅

**gaslighting**

타인의 심리나 상황을 교묘하게 조작해 현실감과 판단력을 잃게 만듦으로써 정신적으로 황폐화시키고, 그 사람에게 지배력을 행사해 결국 파국으로 몰아가는 것을 의미한다. 연인이나 부모, 자식 사이처럼 가까운 사이에서 많이 발생하며, 정치계나 연예계에서 발생하기도 한다.

가스라이팅은 상대방을 조종하려는 가해자와 자신의 판단을 좌우하도록 허용하는 피해자 사이에서 발생한다. 가해자의 반복된 상황 조작과 거짓말에 노출된 피해자는 자기자신의 현실 감각, 판단력, 기억력에 의심을 품게 된다. 피해자가 스스로에 대한 확신이 약해질수록 가해자의 영향력은 강화되며, 가해자들은 상대방의 공감을 이용해 상대방을 통제한다.

가스라이팅은 일반적으로 서서히 일어난다. 실제 학대 가해자의 행위는 초반에는 아무런 해가 없는 것처럼 보일 수 있지만, 피해자는 시간이 흐르면서 혼란, 불안, 고립, 우울을 느끼고, 실제 일어나고 있는 일들에 대한 감각을 잃게 된다. 그렇게 되면 피해자는 현실을 파악하기 위해 점점 더 학대 가해자에게 기대게 되고, 결국 이 학대적 관계에서 빠져나오기가 어려워진다.

학대 가해자가 사용하는 가스라이팅의 방법의 예로는 학대 가해자가 피해자의 말을 듣기 자체를 거부하거나 이해되지 않는 척하는 방법인 '거부', 학대 가해자가 피해자의 기억을 무조건 불신하는 방법인 '반박', 학대자가 피해자의 요구나 감정을 하찮게 보이게 만드는 방법인 '경시', 학대 가해자가 화제를 전환하거나 피해자의 생각을 의심하는 방법인 '전환(또는 쳐내기)', 학대 가해자가 실제로 발생했던 일을 일부러 잊은 척하거나 자기가 피해자에게 했던 약속을 부인하는 '망각(또는 부인)' 등을 들 수 있다.

# 공직자 임기

현재 대한민국 공직자들의 임기는 다음과 같다.

① 임기 5년: 대통령

② 임기 4년: 국회의원, 지방자치단체의 장 및 의원, 감사원장·감사위원

③ 임기 2년: 국회의장, 국회부의장, 검찰총장

④ 임기 6년: 대법원장, 대법관, 헌법재판소 재판관, 중앙선거관리위원회 위원장 및 위원

⑤ 임기 10년: 일반법관

## 헌법재판소장 임기 문제

헌법재판소는 헌법재판소장을 포함한 총 9명의 재판관으로 구성돼 있다. 재판관은 정치적 중립을 지키기 위해 대통령과 대법원장이 각각 3명씩 지명하고, 국회에서 3명을 선출한다. 헌법재판소장은 대통령이 국회의 동의를 얻어 재판관 중에서 임명한다.

최근 헌법재판소장 권한대행 체제를 둘러싸고 여야 간 대립이 심화되고 있다. 헌법과 헌법재판소법은 재판관의 임기는 6년으로 규정했지만, 소장의 임기는 따로 정하지 않았기 때문이다. 예컨대 기존 헌법재판관 중에 소장을 지명할 경우 잔여 임기로 할지 취임부터 임기를 새롭게 적용해야 할지가 불분명하다. 현재는 관례에 따라 재판관 임기를 뺀 잔여 임기만큼만 소장의 직무를 수행하고 있다.

# 금리의 종류

금리는 '원금에 지급되는 기간당 이자를 비율로 표시한 것'으로, '이자율'이라고도 한다. 일상생활을 하다 보면 남는 돈을 은행에 예금할 때도 있지만 돈이 부족해 은행에서 빌려야 할 때도 있다. 돈을 빌린 사람은 '일정 기간 동안 돈을 빌려 쓴 것에 대한 대가'를 지급하는데, 이를 '이자'라고 하며, '이자의 원금에 대한 비율'을 '금리' 또는 '이자율'이라고 한다. '금리 부담이 크다'라고 말할 때는 '이자'와 같은 의미로 사용되고, '금리가 높다'고 말할 때는 '이자율'과 같은 의미로 사용된다. 이자의 크기는 기간에 따라 달라지기 때문에 이자율을 표시할 때는 기간을 명시하는데, 보통 1년을 기준으로 한다.

금리는 수요와 공급에 따라 결정된다. 돈의 수요는 경기 변동이나 사람들의 소비나 투자에 따라, 돈의 공급은 정부의 통화 정책이나 사람들의 저축 성향에 따라 달라진다. 즉, 돈에 대한 수요나 공급이 변하면 금리가 변동한다. 다시 말해 자금의 수요가 증가하면 금리가 올라가고, 공급이 증가하면 내려간다.

금리의 종류에는 중앙 은행이 경제 활동 상황을 판단해 정책적으로 결정하는 '기준금리', 금액이 같더라도 신용에 따라, 기간의 장단에 따라 이자율이 달라지는 '시장금리'가 있다. 시장금리는 다시 1년 미만의 단기 자금을 대상으로 금융 회사나 거래 금액이 크고 신용도가 높은 사람들이 거래하는 금융 시장에서 결정되는 '단기금리'와 1년 이상의 국채, 회사채 그리고 금융채 등의 수익률이 거래의 기준금리로 이용되는 '장기금리'로 나뉜다. 대체로 장기금리가 단기금리보다 높은데, 그 이유는 자금을 빌리는 사람이 장기간 안정적으로 돈을 사용할 수 있기 때문이다.

# 금리인하요구권

금융회사로부터 대출을 받은 사람이 신용 상태나 상환 능력이 개선되는 경우(취업이나 승진, 신용 등급 개선, 소득 및 재산 증가로 신용도가 좋아졌다고 판단되는 경우), 은행이나 카드사, 보험사 등에 이자를 낮춰달라고 요구할 수 있는 권리를 말한다.

현행법상 은행·보험·카드사에서 돈을 빌린 소비자는 누구나 금융 회사에 금리를 내려달라고 요청할 권리가 있다. 하지만 금융 회사들이 대출을 할 때 이를 적극적으로 설명하지 않아 대부분의 사람들은 이런 제도가 있다는 사실을 잘 알지 못한다. 정부는 지난 2012년부터 은행들이 관련 규정을 만들고 소비자에게도 제도를 적극적으로 알리도록 했으며, 2015년 8월부터는 '대출 시 설명'을 의무화했다.

금리인하요구권의 대상은 은행, 저축 은행, 카드사, 보험사 등과

알아두면 쓸 데 있는 **3분 생활 경제 상식**

같은 제2금융권까지 모두 포함되며, 신용 대출, 담보 대출, 개인 대출, 기업 대출에 모두 적용된다. 하지만 햇살론 등과 같은 정책 자금 대출, 예·적금 담보 대출, 보험 회사의 보험 계약 대출 등 미리 정해진 금리 기준에 따라 취급된 상품은 대상에서 제외된다. 금리 인하요구권의 적용 조건은 금융 회사별로 다르고, 개별 금융 회사의 약관과 내규에 따라 자율적으로 시행되고 있기 때문에 신청 전에 구체적인 조건을 확인해야 한다.

금리인하를 원하는 경우에는 금융 회사의 영업점을 방문해 금리 인하 신청서를 작성하고, 자신의 신용 상태가 개선됐다는 것을 입증하는 자료(예를 들어, 승진했을 경우 재직증명서와 급여증명서 등)를 제출하면 된다. 금융 회사는 내부 기준에 따라 심사를 하며 심사 결과가 통보되기까지 보통 5~10 영업일이 소요된다.

금리인하가 잘되는 대표적인 사례로는 신용 등급 상승, 취직 또는 승진, 의사, 변호사, 공인회계사 등과 같은 전문 자격 시험 합격 등을 들 수 있다. 예·적금, 펀드 등 금융 상품 가입, 자동 이체를 주거래 은행으로 지정해 거래 실적을 꾸준히 쌓는 것 또한 좋은 방법이다.

# 길이를 나타내는 용어

① 아름: 두 팔을 벌려 껴안은 둘레의 길이
② 뼘: 엄지손가락과 다른 손가락을 완전히 펴서 벌렸을 때에 두 끝 사이의 거리
③ 발: 두 팔을 양옆으로 펴서 벌렸을 때 한쪽 손끝에서 다른 쪽 손끝까지의 길이
④ 볼: 발, 구두의 옆면과 옆면 사이의 간격
⑤ 장(丈): 길이의 단위. 한 장은 약 3m
⑥ 자: 한 자는 30.3cm
⑦ 치: 한 자의 10분의 1로, 약 3.03cm의 길이
⑧ 푼: 한 치의 10분의 1로, 약 0.3cm의 길이
⑨ 리(里): 약 0.393km에 해당하는 거리
⑩ 길: 길이의 단위. 한 길은 여덟 자 또는 열 자로 약 2.4m 또는 3m에 해당

# 나이를 나타내는 한자

① 15세 지학(志學): 학문에 뜻을 두는 나이

② 20세 약관(弱冠): 관례를 하는 나이

③ 30세 이립(而立): 가정과 사회에서 기반을 닦아 일어서는 나이

④ 40세 불혹(不惑): 세상의 거짓됨에 미혹되지 않을 나이

⑤ 50세 지천명(知天命): 하늘의 뜻, 천명(天命)을 알게 되는 나이

⑥ 60세 이순(耳順): 경륜이 쌓이고 사려와 판단이 성숙해 다른 사람의 말을 잘 받아들일 수 있는 나이

⑦ 61세 화갑(華甲) 또는 환갑(還甲): 60갑자를 다 지내고 다시 낳은 해의 간지가 돌아왔다는 의미로 회갑(回甲)이라고도 함.

⑧ 70세 고희(古稀) 또는 종심(從心): 뜻대로 행해도 도리에 어긋나지 않는 나이

⑨ 80세 산수(傘壽): 팔순(八旬)이라고도 하며, 산(傘)자의 약자가 팔(八)을 위에 쓰고 십(十)을 밑에 쓰는 것에서 유래

⑩ 88세 미수(米壽): '미(米)'자를 풀어쓰면 '八+八'(88세)이 되는

데서 유래

⑪ 90세 졸수(卒壽): '졸(卒)' 자를 초서로 쓰면 九十이라 쓰여지는 데서 유래

⑫ 99세 백수(白壽): '百(일백 백)'자에서 위의 한 획을 뺀 것으로 99가 됨에서 유래

⑬ 100세 상수(上壽): 사람의 수명 중 최상의 수명이란 뜻

# 넷카시즘
## netcarthyism

'인터넷(Internet)'과 체제에 반대하는 사람을 공산주의자로 몰아 처벌하려는 경향이나 태도를 뜻하는 '매카시즘(McCarthyism)'의 합성어로, '누리꾼들 사이에서 부는 마녀 사냥 열풍'을 말한다. 즉, 웹이나 SNS 공간 등에서 특정 개인을 공격하며 사회의 공적으로 삼아 매장해버리는 현상을 일컫는다.

매카시즘은 1950년부터 1954년까지 미국을 휩쓴 반공산주의 선풍(旋風, 돌발적으로 일어나 세상을 뒤흔드는 사건을 비유적으로 이르는 말)으로, 공화당 상원 의원인 J. R. 매카시의 이름에서 유래했다. 그는 "국무성 안에는 205명의 공산주의자가 있다"라는 연설을 통해 국무부의 진보적 인사들을 공산주의자로 규정했다. 이 발언으로 인해 미국의 외교 정책이 필요 이상으로 경색된 반공노선을 걷게 된다.

한편, 마녀 사냥은 15세기 유럽에서 기독교를 절대화해 권력과 기득권을 유지하려는 방편으로 시행된 행위에서 유래했다. 당시 사람들은 이교도의 사람들이나 여러 죄 없는 사람들을 악마나 마녀로 몰아 잔인한 고문과 사형을 자행하는데, 이런 역사적 배경을 통해 생겨난 말이 바로 '마녀 사냥'이다.

오늘날 인터넷상의 넷카시즘은 빠르게 전파되는 네트워크가 가진 특징과 익명성이 뒤섞여 일어나고 있다. 넷카시즘의 대표적인 사례로는 2005년 6월에 발생해 인터넷을 뜨겁게 달군 '개똥녀 파문'을 들 수 있다.

# 늄프
**noomp**

복지의 확대는 원하면서도 이에 필요한 재원은 부담하지 않으려는 현상을 말한다. 국가가 복지 정책을 추진하기 위해서는 증세가 수반돼야 하는데, 정작 사람들은 복지 정책에 대해서는 찬성하면서도 세금을 더 내는 것에는 반대한다. 즉, 늄프(Not Out 0f My Pocket) 현상은 복지 혜택은 받길 원하지만, 부담하는 것은 싫어하는 이중성을 말하는 것이다.

현대경제연구원은 2013년 10대 트렌드 중 하나로 늄프 현상을 들었다. 이 연구원은 보고서에서 "정부는 증세 없이 복지 공약을 이행하려고 하지만, 재원이 부족할 경우 증세가 이뤄져야 한다. 증세가 추진되면 자기부담을 최소화하려는 '늄프 현상'이 나타날 수 있다"라고 주장했다.

늄프 현상의 대표적인 예로는 2010년부터 지방자치단체와 정부가 신경전을 벌이고 있는 경로당 난방비 지원 갈등, 2013년부터 시작된 0~5세 무상 보육 등을 들 수 있다. 지역 내 혐오 시설 진입을 반대하는 '님비(NIMBY) 현상'도 이와 비슷한 용어라고 할 수 있다.

> **참고 님비와 핌피**
>
> 님비(NIMBY)는 'Not in my backyard'를 줄인 말로, 쓰레기 처리장, 화장장, 교도소, 장애인 시설 등과 같은 시설이 자신들이 살고 있는 지역에 들어오는 것을 반대하는 현상을 말한다. 이와 반대로 자신이 살고 있는 지역에 이득이 될 것이라 생각하는 시설을 서로 들어오게 하려는 현상을 '핌피(PIMFY, Please in my front yard)'라고 한다. 이 두 가지는 '지역 이기주의'의 대표적인 사례라고 할 수 있다.

# 다크 웹
### dark web

공공 인터넷을 사용하긴 하지만 해당 사이트에 접속하기 위해서는 특정 소프트웨어를 사용해야 하는 웹 콘텐츠를 말한다. 다시 말해, 일반적인 검색 엔진으로는 찾을 수 없어 주로 불법적인 정보가 거래되는 심층 웹을 일컫는다. 이 용어는 지난 2013년, 미국 FBI가 온라인 마약 거래 웹사이트 '실크로드'를 적발한 것을 계기로 알려졌다.

일반적인 검색 엔진으로 찾아낼 수 있는 웹사이트를 '표면 웹(surface web)'이라고 부르는 것에 반해, 존재는 하지만 보이지 않는 웹사이트를 이를 '딥 웹(deep web)' 또는 '다크 웹(dark web)'이라고 한다.

다크 웹은 우리가 흔히 사용하는 인터넷 익스플로러나 크롬(Chrome) 등과 같은 웹브라우저로는 접속할 수 없으며, '토르

(TOR)'와 같은 웹브라우저를 이용해야만 접근할 수 있다. '토르'는 1990년대 중반 미 해군이 정보 통신 보안을 목적으로 개발한 소프트웨어로, 사용자의 신원 정보를 암호화할 수 있어 익명이 보장된다. 다크 웹은 익명이 보장되고 IP 주소 변경 등이 가능하다는 점을 악용해 마약, 권총과 같은 불법적인 물품이나 불법적인 정보가 거래되는 루트로 활용되고 있다.

# 대연정

大聯政, grand coalition

의원 내각제에서 의회의 다수 정당이 연합해 구성한 '연합 정부'를 말한다. 다시 말해 대연정은 내각제 국가에서 다수당이 되기 위해 서로 다른 이념을 가진 보수·진보 정당들이 연합해 정부를 구성하는 것을 말한다.

대연정은 비슷한 이념을 가진 정당이 연합하는 '소연정'과 구분된다. 대연정은 유사한 성향의 소수 정당들끼리 손잡는 소연정에 비해 이념의 폭이 넓다는 특징을 갖고 있다. '소연정'은 '소연립 정부'의 줄임말로, 비슷한 정치적 성향을 띤 정당끼리 연합하는 것을 말하고, '대연정'은 '대연립 정부'의 줄임말로 원내 1, 2당이 연합하는 것을 말한다.

대연정은 전쟁이나 경기 불황과 같은 국가적 위기 때 최선의 정책에 대한 폭넓은 협약이 성립된 경우에 이뤄질 가능성이 높다. 심지어 한 정당이 여대야소 정부를 구성하기에 충분한 의석을 확보한 경우에도 이뤄질 수 있다. 대연정의 대표적인 예로는 제1차 세계 대전과 제2차 세계 대전 때 이뤄진 영국의 임시 연립 정부, 독일연방공화국의 제1차(1966~1969), 제2차(2005~2009), 제3차(2013~현재) 좌우 대연정, 2006년 오스트리아의 좌우 대연정 등을 들 수 있다.

대연정은 주요 정당들이 다른 군소 정당에 비해 공통된 이념에서 겹치는 부분이 더 많은 경우나 소규모 정당들의 의석 분할이 과도해 다른 안정된 연정을 구성하기 힘든 경우에도 이뤄질 수 있다. 예를 들어, 오스트리아에서는 종종 주요 정당들이 극우나 극좌 정당이 정부에 참여하지 못하도록 하기 위해 대연정을 구성했으며, 이스라엘에서는 의회의 분할 형태와 다른 군소 정당들의 비타협적인 자세로 인해 대연정을 구성했다.

# 던바의 법칙

**Dunbar's number**

영국의 문화인류학자이자 옥스퍼드대학교 교수인 로빈 던바 (Robin Dunbar)가 주장한 것으로, 아무리 대인 관계의 폭이 넓은 사람이라도 사회적인 관계를 가질 수 있는 최대 숫자는 '150'에 불과하다는 법칙이다. 이와 같은 주장은 전 세계 원시 부족 형태 마을의 구성원 평균이 150명 안팎이라는 사실을 발견한 것을 계기로 이뤄졌다.

던바 교수는 페이스북 친구가 1,000명이 넘는 파워유저라 하더라도 정기적으로 연락하는 사람은 150명 정도에 불과하며, 그중에서도 끈끈한 관계를 유지하는 사람은 20명도 되지 않는다고 주장했다. 또 조직에서 집단을 관리할 때 150명이 최적이며, 그 이상이 되면 2개로 나누는 것이 더 낫다고 주장했다.

사회생활에서 인간관계가 좋은 사람은 그렇지 않은 사람보다 먼저 죽을 확률이 50%나 낮다고 한다. 사람의 심리와 건강에 영향을 미칠 만큼 인간관계가 중요하다는 뜻이다. 던바의 법칙이 우리에게 주는 메시지는 무작정 친구를 만드는 것보다는 진정한 인간관계의 적정선을 찾고, 그 관계가 갖는 의미를 생각해보자는 것이라 할 수 있다.

> **참고 던바의 수**
>
> '던바의 법칙'은 다른 말로 '던바의 수(Dunbar's Number)'라고도 한다. 던바 교수는 조직 규모에 따른 정서적 유대감의 특성을 기준으로 네 가지 공동체 유형으로 구분했다. 여기서 네 가지 공동체 유형이란, '150명 규모의 공동체'인 빌리지(Village), '50명 정도의 공동체'인 밴드(Band), '15명 정도의 공동체'인 사냥 집단(Hunting Party), '5명 정도의 공동체'인 동무 집단(Confidants)을 말한다. 이 중 밴드는 사람이 가장 높은 수준의 유대감과 관계의 안정감을 느끼고 구성원 내 가장 활발하게 자원을 공유하는 공동체, 사냥 집단은 구체적인 목표 아래 서로 긴밀하게 협력하면서 성과를 이끌어내는 가장 효율적인 공동체 그리고 동무 집단은 가장 뛰어난 창조적인 성과를 만들어 낼 수 있는 공동체라고 정의했다.

# 데가지즘
dégagisme

프랑스어로 '구(舊)체제나 옛 인물의 청산'을 뜻한다. 이는 원래 튀니지에서 시작된 용어로, 2011년 아랍의 봄이 발생했을 때 독재자 벤 알리의 퇴진을 요구하면서 외친 구호(dégager, 물러나라)에서 유래했다. 이후 벨기에 좌파 정치인들이 데가지즘 선언(Manifeste du Degagisme)을 통해 '구체제를 먼저 제거하고 새로운 체제는 나중에 구체적으로 모색, 수립하는 것'으로 정의하면서 '낡은 체제나 옛 인물 청산'이라는 의미로 사용되고 있다.

이 용어는 2017년 4월 프랑스 대선 1차 투표 때 급진 좌파의 후보인 장뤼크 멜랑숑이 사용하면서 전 세계적으로 큰 화제가 됐다. 2017년 5월에 치러진 프랑스 대선에서 기존 양당(사회당과 공화당)의 후보가 아닌 신생 정당의 후보인 에마뉘엘 마크롱이 대통령에 당선되면서 프랑스 정치 지형에 데가지즘이 새로운 사조로 등장했다는 분석이 제기되기도 했다. 프랑스의 오랜 경기 침체와

10%가 넘는 실업률, 잇따른 테러에 유권자들은 기성 정치권에 등을 돌렸고, 그 결과 제3의 후보가 선택을 받았다는 것이다. 데가지즘은 우리나라의 2017년 대선 화두였던 '적폐 청산'과도 유사하다고 할 수 있다.

---

**참고 적폐**

적폐(積弊)는 '누적된 폐단'을 말한다. 우리나라에서는 주로 정치계 용어로 사용되는 경우가 많지만, 실제로는 '오랫동안 누적된 잘못된 관행이나 풍습'을 뜻하며, 주로 장애인 차별, 가부장제 등과 같이 오랜 시간 동안 이어져 내려온 사회적 풍습을 가리킨다. 원래의 뜻과 다르게 최근 우리나라에서는 자신과 정치적 의견이 다르거나 반대 성향을 가진 집단, 특정 정치인이나 정치 집단을 공격하기 위해 사용하는 경우가 많아졌다.

---

알아두면 쓸 데 있는 **3분 생활 경제 상식**

# 딥러닝
## deep learning

컴퓨터가 스스로 학습할 수 있도록 하기 위해 인공 신경망 (artificial neural network)을 기반으로 구축한 기계 학습 기술을 말한다. 다시 말해, 사람의 사고방식을 컴퓨터에게 가르치는 것 말한다. 사람의 두뇌에서 뉴런(신경세포)은 여러 층을 거쳐 정보를 처리하는데, 그 층이 깊어질수록 학습하기가 어렵다. 이 깊은 층을 학습하는 것을 '딥러닝'이라고 한다. 즉, 컴퓨터가 마치 사람처럼 생각하고 배울 수 있도록 하는 인공지능(AI) 기술이다.

딥러닝은 인간의 두뇌가 수많은 데이터 속에서 패턴을 발견한 후 사물을 구분하는 정보 처리 방식을 모방해 컴퓨터가 사물을 분별하도록 학습시킨다. 딥러닝 기술을 적용하면 컴퓨터가 스스로 인지·추론·판단할 수 있게 된다. 딥러닝은 음성·이미지 인식과 사진 분석 등에 광범위하게 활용된다. 딥러닝의 대표적인 예로는 구글 알파고를 들 수 있다.

# 레밍 신드롬
## lemming syndrome

아무 생각 없이 무리를 따라 집단행동을 하는 것을 말한다. 레밍 (lemming)은 스칸디나반도 지역에 살고 있는 설치류의 일종으로, '나그네 쥐'라고도 불린다. 레밍은 개체 수가 늘어나면 다른 땅을 찾아 이동하는 습성을 지니고 있다. 이동할 때 오로지 우두머리만 보고 따라가기 때문에 호수나 바다에 빠져 죽기도 한다. 이처럼 레밍 신드롬은 맹목적인 집단행동을 빗대 말할 때 사용한다.

레밍은 디즈니 영화 〈하얀 광야〉에 나오는 수십 마리의 레밍이 바다에 뛰어드는 장면 때문에 유명해졌다. 실제로 이는 다른 설치류에게서도 나타나는 현상으로, 개체 수가 폭발적으로 증가한 종 (種)이 사방으로 서식지를 찾아 돌아다니기 때문에 나타나며, 레밍 효과(The Lemming effect)라고도 한다.

# 리셋 증후군

## reset syndrome

'리셋(Reset)'과 '신드롬(Syndrome)'의 합성어로, 컴퓨터의 기능이 정지하거나 잘못됐을 때 리셋을 하는 것처럼 현실도 언제든지 다시 시작할 수 있다고 믿는 사회적 병리 현상을 말한다. 이 증상은 주로 게임에 깊이 빠져 있는 청소년들이 현실 세계와 가상 세계를 혼동할 때 나타난다.

이 용어는 1997년 5월 일본 고베시에서 발생한 살인사건에서 유래했다. 이 사건의 범인인 중학생이 잔인한 사체와 함께 '자, 게임의 시작이다'라는 문구를 남겨 일본 열도를 충격에 빠뜨렸다.

이 증후군에 속해 있는 사람들은 조금만 어려움이 있어도 그것을 회피하고 다시 시작하려는 경향을 보인다. 리셋 증후군을 보이는 범죄자는 심각한 범죄 행위를 마치 게임의 일환으로 착각한다. 그래서 몇 번이든 다시 살아날 수 있다고 생각하거나 남에게 피해

를 입혔다는 죄책감도 리셋시킬 수 있다고 믿는다. 리셋 증후군의
대표적인 특징은 다음과 같다.


1. 컴퓨터를 하루 4시간 이상 사용한다.
2. 무엇이든 인터넷으로 해결할 수 있다고 생각한다.
3. 총과 칼을 사용하는 폭력적인 게임을 즐긴다.
4. 게임(또는 인터넷) 속 세상을 현실처럼 느낀다.
5. 자신이 현실보다 인터넷 속에서 더 능력 있는 존재라고 느낀다.
6. 자기합리화가 심하고 잘못을 저질러도 쉽게 없었던 일로 되돌
   릴 수 있다고 믿는다.

알아두면 쓸 데 있는 **3분 생활 경제 상식**

# 마타도어
## matador

근거 없는 사실을 조작해 상대방을 중상모략하거나 내부를 교란시키기 위해 사용하는 흑색선전(黑色宣傳)의 의미로 정치권에서 널리 쓰이는 말이다. 마지막에 소의 정수리를 찔러 죽이는 투우사 (bullfighter)를 뜻하는 스페인어 'Matador(마따도르)'에서 유래했다.

흑색선전의 종류에는 사실적인 측면을 바탕으로 상대방의 부정적인 내용을 부각하는 방법인 '네거티브(negative)', 사실에 근거하지 않고 모함이나 음해하는 방법인 '마타도어(Matador)', 악의적 의도보다 내부의 결집을 위해 활용되는 방법인 '데마고기(demagogy)'가 있다.

마타도어는 주로 사설정보지(지라시)를 통해 구색을 갖춘 후 트위터 등과 같은 SNS를 통해 유포되는 경우가 많은데, 당락에 결정적인 영향을 미칠 정도로 파급력이 높다.

# 바칼로레아
baccalauréat

프랑스의 논술형 대학 입학 자격시험을 말한다. 1808년 나폴레옹 시대부터 시작된 프랑스의 국가시험이다.

바칼로레아는 대학 선발의 역할을 하기도 하고, 국가가 고등교육을 보장해주는 역할을 하기도 한다. 매년 6월 하루 약 3~4시간 동안 일주일에 걸쳐 진행되며, 전 과목이 논술 형태로 출제돼 '정답이 없는 시험'이라고도 한다. 바칼로레아를 통과하면 전문 지식을 가르치는 특수 대학인 '그랑제콜'을 제외한 일반 대학에 진학할 수 있다.

중·고교 과정을 거치면서 50% 정도가 응시 자격을 상실하게 되고, 20점 만점에 10점을 넘어야 합격하며, 합격률은 50% 정도다. 매년 6월경에 치르는 이 시험은 크게 인문(L·literature)·사회(ES·economics and social sciences)·자연과학(S·sciences)을 세분해 수학·물리 및 화학·생물학, 경제학·사회과학, 프랑스어·철학·역사 및 지리·외국어 등 8개 분야로 치러진다. 프랑스어·역사 및 지리·수학·철학·외국어는 공통 과목이고, 해당 전공 분야에 따라 과목을 추가로 선택해 시험을 치른다. 외국어 시험은 실생활에서의 구사력을 평가하기 위해 구두 시험으로 치러진다.

이 중 4시간 동안 3개 주제 중 1개를 선택해 논문 형태로 작성해야 하는 철학 시험 논제는 지성을 가늠하는 잣대로 인식되고 있다. 시험이 끝난 후 각 언론 매체나 사회 단체들이 유명 인사와 일반 시민들을 모아놓고 토론회를 열 정도로 철학 시험 문제 자체가 국민적 관심사가 되기도 한다.

# 발롱데세
### ballon d'essai

여론의 동향을 살피기 위해 의도적으로 흘리는 의견이나 정보를 말한다. 특정 정보를 언론에 흘려 여론의 동향을 탐색하는 수단으로 사용한다. 예를 들어, 정부가 어떤 정책을 내놓고 국민들의 반응을 지켜보거나 국가 간 외교 협상에서 상대국의 의중을 살피기 위해 고의적으로 특정 의견을 발표하거나 정보를 흘리는 것을 말한다. 만약 발롱데세의 결과, 부정적인 여론이 나타나면 계획을 수정하거나 했던 말을 뒤집기도 한다.

# 변액 보험

變額保險, variable life insurance

보험계약자가 납입한 보험료 중 일부를 주식·공채·채권 등과 같이 수익성이 높은 유가증권에 투자한 후, 그 운용 실적에 따라 계약자에게 성과를 나눠주는 실적 배당형 보험 상품을 말한다.

1950년대부터 유럽에서 판매되기 시작했으며, 1970년대 중반 미국, 1980년대 말 일본을 거쳐 2001년부터 한국에서 판매되기 시작했다. 보장·저축·뮤추얼펀드의 형식이 혼합된 구조로, 적립금이 보장되지 않고, 특별 계정에서 운용된다. 따라서 연금 지급 개시 때 계약자의 적립금은 최저로 보장되고, 사망 보험금과 적립금은 계약의 투자 성과에 따라 변동된다.

변액 보험의 종류에는 종신 보험과 양로 보험을 변형한 변액 종신 보험, 변액 양로 보험 등이 있다. 운용 형태는 펀드의 100%를 채권이나 기업 대출 등으로 운용하는 '채권형', 주식에 30~50%를 투자하는 '혼합형'과 '안전 혼합형' 등이 있다. 고수익을 올릴 수 있는 반면, 위험 부담도 감수해야 한다.

주요 특징은 다음과 같다.

① 종신 보험에 비해 상대적으로 보험료가 비싸다.

② 고객의 투자 성향에 따라 자산 운용 형태를 설정할 수 있다.

③ 투자의 결과에 따라 원금 손실 또는 원금 이상의 보험금이 발생할 수 있다.

④ 별도의 자격을 갖춘 사람만 판매할 수 있다.

⑤ 목표 수익률을 사전에 제시하지 못한다.

⑥ 예금자 보호법의 보호를 받지 못한다.

⑦ 투자 실적 현황을 반기별로 계약자에게 통지해야 한다.

# 서머타임제
## summer time system

낮 시간이 길어지는 봄에 시곗바늘을 1시간 앞당겼다가 낮 시간 이 짧아지는 가을에 원래대로 되돌리는 제도를 말한다. 즉, 봄철에 는 시간을 1시간 앞당겨 빛이 남아 있는 오후 시간을 활용하고, 가 을에는 시간을 뒤로 돌려 수면 시간을 1시간 늘리는 것이다.

1784년 미국의 벤자민 프랭클린이 일광 시간의 효율적 사용이 필요하다는 의견을 제기하면서 처음 등장했다. 당시 파리의 시민 들은 저녁 시간에 불을 밝히기 위한 양초 값으로 상당한 돈을 지 출하고 있었다. 그는 〈저널 드 파리(Journal de Paris)〉에 보낸 편지 에서 '만약 파리 사람들이 1시간만 일찍 일어난다면 연간 약 2만 9,000톤 이상의 양초를 절약할 수 있을 것'이라고 주장했다.

이 제도를 세계 최초로 실시한 국가는 독일과 오스트리아다. 이 두 국가는 1916년 4월 30일을 기해 서머타임제를 강제로 실시했다.

당시는 제1차 세계대전 중이었으므로 에너지 절약이 절실했기 때문이다. 그 뒤를 이어 영국을 비롯한 유럽의 여러 국가에서 시간 변화에 관련된 입법이 이뤄졌다. 현재 EU(27개국)·미국·캐나다·브라질·호주를 포함한 전 세계 86개국에서 실시하고 있다.

미국에서는 일광 시간 동안을 보다 효율적으로 활용하는 제도라는 의미에서 일광 절약 시간(DST, daylight saving time)이라 부른다. 이전까지 4~10월 기간 동안 시행하던 이 제도는 2005년 조지 부시 정부 때 신에너지법이 통과돼 2007년부터 매년 오전 2시를 기점으로 3월 둘째 주 일요일부터 11월 첫째 일요일까지 시행하는 방식으로 확대됐다. 유럽 지역의 서머타임은 매년 3월 마지막 일요일 0시를 기준으로 개시돼 10월 마지막 일요일 0시에 해제된다. 우리나라는 1948~1960년(1950~1952년 제외)과 서울올림픽(1987~1988년)때 서머타임제를 시행한 바 있다.

# 소비자신뢰지수

消費者信賴指數, consumer confidence index

미국의 민간 조사 그룹인 콘퍼런스보드(Conference Board)가 매월 마지막 화요일 오전 10시에 발표하는 지수로, 미국의 경제 상태를 나타내는 경기 선행 지수의 하나다. 제2차 세계대전 후 미국 소비자의 경기 판단이 긍정적인지, 부정적인지를 파악하기 위해 만들어졌다.

콘퍼런스보드는 매달 미국 전역의 5,000개 가구를 대상으로 6개월 후의 경기 전망, 수입 전망, 체감 경기 등에 대한 설문조사를 실시한다. 미시간 대학에서 조사하는 소비자신뢰지수도 기본적인 산출 방법은 같지만 500명의 개인들에게 직접 전화로 설문조사를 실시하며, 각 지역별 집계가 없는 것이 다르다.

소비자신뢰지수는 6개월 후의 소비를 예측하는 지표이므로 소비자들의 응답과 6개월 후 실제 지출 규모가 다를 가능성이 높다. 따라서 단순히 소비자의 미래 소비를 예측하기 위한 것이라기보다는 기업과 일반인이 미국 경제 체력을 어떻게 판단하는지를 광범위하게 분석하는 자료의 성격이 강하다고 할 수 있다.

일반적으로 소비자신뢰지수가 상승하면 발표 당일 주식시장에서는 다우-존스 평균 주가와 나스닥 지수가 모두 상승해 경기둔화에 대한 염려가 적어지는 반면, 하락할 경우에는 이와 반대 현상이 나타난다. 한국의 통계청에서 현재와 비교해 6개월 후의 경기·생활 형편·소비 지출·내구 소비재·외식·오락·문화 등에 대한 소비자들의 기대 심리를 조사해 발표하는 소비자기대지수와 유사한 개념이다.

# 소셜 블랙아웃

**social black out**

'소셜 미디어'와 대규모 정전 사태를 의미하는 '블랙아웃'의 합성
어로, 스마트폰이나 인터넷으로부터 자신을 완전히 차단하는 행위
를 말한다. 또 과도한 몰입이나 타인과의 비교로 인한 피로감에서
일시적으로 벗어나고자 소셜 블랙아웃을 선택하는 사람도 있다.

소셜 블랙아웃을 통해 얻으려는 것은 '해방감'이다. 메신저나
SNS는 소통 수단인 동시에 스트레스를 유발하는 주요 원인이 되
기도 한다. 한국노동사회연구원이 직장인을 대상으로 실시한 설
문조사 결과에 따르면, '업무 시간 외 또는 휴일에 업무 관련 스
마트 기기 사용'은 전체의 70.3%였다. 업무 시간 외 업무 목적으
로 스마트 기기를 이용하는 시간은 휴일 하루 평균 약 95분으
로, 평일(약 86분)보다 10분 정도 길었다. 일부 선진국에서는 이러
한 문제를 해결하고자 직장인들이 퇴근 후나 휴가 때 업무와 관
련된 연락을 받지 않을 권리, 이른바 '연결되지 않을 권리(right to

disconnect)'[1]를 보장하기 위해 법적 조치를 취하고 있다.

> ### 참고 SNS와 소셜 블랙아웃
>
> 최근 SNS의 사회적 영향력이 커지고, 정보 공유, 여론 형성, 인맥 확대 등에 활용되는 빈도가 늘어나면서 SNS로 인해 피로감을 느끼거나 스트레스를 받는다는 사람들이 점차 많아지고 있다. 끊임없이 울리는 온라인 호출과 원치 않는 사회적 관계 등으로 'SNS 감옥'이라는 말도 생겨나기에 이르렀다. 소셜 블랙아웃의 대표적인 예로는 휴가 중 스마트폰을 꺼두는 행위, 단체 대화방을 나가는 행위, SNS 애플리케이션을 삭제하는 행위 등을 들 수 있다.

---

1) 업무 시간 외에 업무와 관련된 연락을 받지 않을 권리를 말한다. 스마트 기기의 발달로 이메일, 전화, 메시지 등을 통해 업무 환경이 광범위하게 조성되면서 논의되고 있는 개념이다.

# 슈카쓰

終活

인생을 마무리하고 죽음을 준비하는 활동을 말한다. 초고령 사회인 일본에서 급속히 확산되고 있는 서비스로, 인생을 멋지게 마무리하기 위해 미리 장례 절차를 정하고 가족에게 남길 '엔딩노트'를 작성하거나 자신이 살아온 인생을 책으로 남기기도 한다.

이는 인생을 아름답게 마무리하는 일종의 웰다잉(Well dying) 활동이라고 할 수 있다. 언젠가 닥쳐올 죽음을 두려워만 할 것이 아니라 가능한 한 유쾌하게 준비하자는 뜻이다. 특히, 입관 체험은 죽음을 간접 경험하고, 남아 있는 삶을 더 의미 있게 보내는 데 도움을 준다.

# 스모킹 건
**smoking gun**

'연기 나는 총'이라는 뜻으로, 어떤 범죄나 사건을 해결할 때 나타나는 결정적인 단서를 말한다. 살해 현장의 용의자 총에서 연기가 피어오르면 이는 그 총의 주인이 범인이라는 단서라고 할 수 있기 때문이다. 이 용어는 영국의 추리소설 작가 아서 코난 도일(Arthur Conan Doyle)의 셜록 홈즈 시리즈 중 하나인 '글로리아 스콧(The Gloria Scott)'에 나오는 대사에서 유래했다. 이 소설에서는 '연기 나는 총(smoking pistol)'이라는 표현을 사용했지만, 이후 표현이 바뀌어 '스모킹 건'으로 사용되고 있다.

1974년, 당시 미국 리처드 닉슨(Richard Milhous Nixon) 대통령의 워터게이트 사건에 관련된 글을 쓴 로저 윌킨스(Roger Wilkins)는 사건을 조사하던 미 하원 사법위원회의 최대 관심사가 '결정적 증거 확보'라는 말을 하면서 'Where's the smoking gun?'이라는 표현을 사용했다. 이후 미 하원 사법위원회에서 뉴욕 주 하원의원 바버 코너블(Barber Conable)이 닉슨 대통령과 수석 보좌관 사이에 오간 대화가 담긴 녹음테이프를 가리켜 '스모킹 건'이라는 말을 쓰면서 이 용어가 일반적으로 사용되기 시작했다. 스모킹 건은 범죄 혐의를 입증하는 직접적이고 확실한 증거라는 의미 외에도 특정 현상이나 가설을 증명해주는 과학적인 근거라는 뜻으로 사용되기도 한다.

# 025

# 앰부시 마케팅

**ambush marketing**

규제를 교묘하게 피해가는 마케팅 기법을 말한다. 앰부시(ambush)는 '매복'을 뜻하는 용어로, 공식 후원사가 아닌 업체들이 간접적으로 자사 광고를 하는 것을 의미한다. 대형 스포츠 이벤트에서 공식 후원사가 아니면서도 TV 광고나 개별 선수 후원을 활용해 공식 스폰서인 듯한 인상을 줘 홍보 효과를 극대화하는 전략을 사용한다.

앰부시 마케팅은 기업 또는 단체가 대회의 공식 후원 프로그램에 참여하지 않았음에도 직·간접적으로 연계된 것처럼 보이게 하는 불법적 마케팅 활동이다. 일반적으로 광고할 권리가 없는 상황에서 공식 행사를 간접적으로 연상시키는 방법을 사용한다.

올림픽이나 월드컵처럼 전 세계의 이목이 쏠리는 대형 스포츠 이벤트는 앰부시 마케팅의 경연장이라고 할 수 있다. FIFA와 IOC

가 공식 후원사에게 올림픽 마크나 올림픽 단어, 국가대표 선수단 등과 같은 용어를 사용할 수 있는 독점권을 보장해주고 있는 이유는 공식 후원사가 아니면서도 월드컵과 올림픽 이미지에 편승하려는 기업들이 앰부시 마케팅을 벌이기 때문이다.

IOC는 2012년 런던올림픽을 앞두고 상표 및 광고와 관련된 새 규정인 '룰 40(Rule 40)'을 공지하고 앰부시 마케팅과의 전쟁에 나섰다. '룰 40'은 7월 18일부터 8월 15일까지 올림픽 공식 스폰서가 아닌 업체가 올림픽 선수나 팀을 이용해 광고할 수 없도록 한 규정이다. 이를 어기면 해당 선수와 팀에 거액의 벌금을 부과하고, 메달을 획득한 경우 박탈할 수 있도록 했다. 또한 각 경기장 500미터 이내 '이벤트 존'을 설정하고 28곳에 단속반을 파견해 불법 광고물을 차단하거나 철거했으며, 심지어 화장실 휴지에 찍혀 있는 브랜드 로고까지 검은색 테이프로 덮기도 했다.

# 026

# 유비쿼터스
**ubiquitous**

라틴어 'ubique(어디든지)'에서 유래한 용어로, 시간과 장소에 상관없이 언제든지 네트워크에 접속할 수 있는 환경을 뜻한다. 컴퓨터 관련 기술이 생활 구석구석에 스며들어 있음을 뜻하는 '퍼베이시브 컴퓨팅(pervasive computing)'과 같은 개념이다.

유비쿼터스 개념을 처음 제시한 사람은 팰로앨토연구소의 마크 와이저다. 그는 유비쿼터스 컴퓨팅이 메인 프레임과 퍼스널 컴퓨터(PC)에 이어 제3의 정보혁명을 이끌 것이라고 주장했는데, 단독으로 쓰이지는 않고 유비쿼터스 통신, 유비쿼터스 네트워크 등과 같은 형태로 쓰인다. 곧 컴퓨터에 어떠한 기능을 추가하는 것이 아니라 자동차·냉장고·안경·시계·스테레오 장비 등과 같이 어떤 기기나 사물에 컴퓨터를 집어넣어 커뮤니케이션이 가능하도록 해주는 '정보 기술(IT) 환경' 또는 '정보 기술 패러다임'을 뜻한다.

유비쿼터스화가 이뤄지면 언제 어디서든 정보 기술을 활용할 수 있고, 네트워크에 연결되는 컴퓨터 사용자의 수도 늘어나 정보 기술 산업의 규모와 범위도 커지게 된다. 그러나 유비쿼터스 네트워크가 이뤄지기 위해서는 광대역 통신과 컨버전스 기술의 일반화, 정보 기술 기기의 저가격화 등과 같은 정보 기술의 고도화가 전제돼야 한다.

# 027

# 일국양제

一國兩制

하나의 국가 안에 사회주의와 자본주의라는 서로 다른 두 체제가 공존하는 것을 의미한다. 즉, 자본주의 체제와 사회주의 체제를 공존시키는 방식으로, 중국의 홍콩·마카오 통치 원칙이자 대만 통일 원칙이다.

이 정책은 현재 1997년 중국에 귀속된 홍콩과 1999년 귀속된 마카오에 적용되고 있다. 이 제도는 덩샤오핑(鄧小平)의 '사회주의를 핵심으로 하되, 경제 체제는 사회·자본주의 2개를 병행할 수 있다'라는 개혁·개방 논리로 제시한 것에서 유래한다.

1982년 9월 덩샤오핑은 마거릿 대처 영국 총리와 홍콩 주권 반환 회담을 하면서 일국양제를 제시했다. 대처 총리가 홍콩의 주권 회복과 동시에 중국 대륙의 사회주의를 홍콩에 강요하지 않겠다는 제의를 받아들이면서 홍콩이 중국에 반환됐다. 이에 일국양제는 선전 등 경제 특구와 1997년 7월 홍콩의 중국 반환 때 본격적으로

알아두면 쓸 데 있는 **3분 생활 경제 상식**

적용돼 홍콩의 통치 원칙이 됐다.

홍콩 특별 행정구(SAR, Special Administrative Region)의 헌법
에 해당하는 기본법(Basic Law) 제5조는 "홍콩 특별 행정구는 사
회주의 제도와 정책을 시행하지 아니하며, 원래의 자본주의 제도
와 생활 방식을 유지하고 50년 동안 변동하지 아니한다"라고 규정
하고 있다.

이에 홍콩은 중국에 반환된 이후에도 영국식 자본주의를 유지하
고 있다. 일국양제는 이후 포르투갈의 식민지였던 마카오가 1999
년 중국으로 주권이 귀속될 때도 적용됐다. 이에 마카오 역시 홍콩
처럼 독자적인 행정·입법·사법권을 갖고 있다.

중국은 1971년 이후 대만 통일 원칙을 일국양제를 기반으로 한
대만 독립(臺獨) 반대, 외세 간섭 배제를 기본으로 하고 있다. 이에
중국은 대만을 일국양제하의 지방 정부로 간주하고, 교류 확대와
대만의 국제적 고립 유도를 통한 흡수 통일 정책을 추구하고 있다.

사회주의를 표방하는 중국은 자본주의 홍콩에서 발생할 수 있
는 여러 문제를 최소화하기 위해 일국양제를 실시해왔다.

홍콩은 영국 식민지가 된 지 155년 만인 1997년 7월 1일을 기해
중국 영토가 됐다. 중국은 1997년 이후 50년 동안 홍콩의 현행 체
제를 유지하는 일국양제를 도입했다. 또 1999년 포르투갈의 식민
지였던 마카오가 중국으로 귀속될 때도 일국양제가 적용됐다. 마

카오 역시 홍콩처럼 독자적인 입법·사법·행정권을 갖고 있다. 일국양제는 경제 발전만 이룰 수 있다면 자본주의든 사회주의든 상관치 않는다는 덩샤오핑의 '흑묘백묘론[2)]'과 비슷한 맥락이다.

---

### 참고 중국식 사회주의

경제적으로는 시장경제를 도입하더라도 정치적으로는 사회주의 체제를 유지한다는 것으로, 현 중국 공산당의 주요 정치 이념이다. 덩샤오핑은 자본주의 국가에도 계획 경제가 존재하듯이 사회주의 국가에도 시장 경제가 존재할 수 있다는 중국식 사회주의를 주장했다. 그는 흑묘백묘론을 비롯한 실용주의 노선에 따라 일방적인 공산주의식 평준화보다는 "부유할 수 있는 사람부터 먼저 부유해져라"라는 선부론을 제창하기도 했다.

---

2) '검은 고양이든 흰 고양이든 쥐만 잘 잡으면 된다'라는 뜻으로, 덩샤오핑이 1970년대 말부터 취한 중국의 경제 정책을 말한다.

# 028

# 일사부재리 원칙

一事不再理 原則

어떤 사건에 대해 판결이 확정되면 다시 재판을 청구할 수 없다는 형사상, 형사소송법상의 원칙이다. 즉, 판결이 내려진 사건에 대해 두 번 이상의 심리, 재판을 하지 않는다는 것으로, 민사소송법에서는 이 원칙이 적용되지 않는다. 일사부재리는 국가가 무죄 판결을 받은 범죄 혐의자에 대해 여러 차례 반복 기소함으로써 그 권리를 침해하는 행위를 차단하기 위해 도입됐다.

일사부재리 원칙은 판결로써 확정된 범죄는 다시 처벌할 수 없고, 본인의 이익을 위하는 경우를 제외하고는 그 행위를 재심사하는 것까지 금하는 것으로, 개인의 인권 옹호와 법적 안정의 유지를 위해 수립된 형사법상의 원칙이다.

그러나 최근에는 민사소송법에 있어서도 일사부재리를 인정할 수 있다는 새로운 이론이 대두되고 있다. 한편, 회의체의 의사과정에 있어서 그 회기 중에 부결된 의안은 그 회기 중에는 다시 제출하지 못한다는 것을 '일사부재의원칙(一事不再議原則)'이라고 한다. 이는 회의체의 의결이 있는 이상, 그 회의체의 의사는 이미 확정됐기 때문에 다시 논할 필요가 없다는 데에 근거를 두고 있으며, 아울러 의사 진행의 원활화와 소수파의 의사 방해 배제에 그 목적이 있다.

# 029

# 퇴직 연금

退職年金

근로자의 노후, 사망 등과 같은 사유로 인한 생활 불안에 대처하기 위해 기업과 근로자가 매달 일정액을 불입, 금융 기관이 이를 금융 자산으로 운용하고, 근로자가 퇴직할 때에 이를 연금이나 일시금의 형태로 지급하도록 하는 기업 복지 제도로, '기업 연금제'라고도 한다. 따라서 회사가 도산하는 등의 문제가 생기더라도 금융 회사로부터 퇴직 급여를 안정적으로 받을 수 있다.

기존 퇴직금 규정에 의해 일시적으로 지급되는 퇴직금 제도와 달리, 기업이 종업원을 피보험자 또는 수익자로 해 기업 연금 보험 또는 퇴직 신탁에 가입하며, 근로자의 퇴직 시에 일시금 또는 연금으로 지급하게 된다. 퇴직금 제도를 실시하는 기업이 도산하면 근로자의 일자리뿐 아니라 퇴직금의 수급권까지도 보호받을 수 없지만, 퇴직 연금 제도를 실시하는 기업이 도산하면 금융 기관이나 보험업계에 적립된 퇴직금을 근로자가 안전하게 수령할 수 있다는 장점이 있다.

재직 중에는 확정 급여형(DB, Defined Benefit), 확정 기여형(DC, Defined Contribution), 개인형 퇴직 연금(IRP, Individual Retirement Pension) 중 자신에게 알맞은 유형의 퇴직 연금을 선택할 수 있고, 퇴직 후에는 연금과 일시금 형태 중에서 선택해 수령할 수 있다. 2015년부터는 연금으로 수령하는 경우, 일시금으로 받을 때에 비해 세금 부담을 30% 경감받을 수 있다. 다만, 금융 회사에 따라 연금 지급 기간 및 방법, 수수료 등에 차이가 있으므로 신중하게 비교한 후에 선택하는 것이 좋다. 우리나라에서는 2004년 말 기업 단위로 퇴직 연금 제도를 도입하는 것을 목적으로 근로자 퇴직급여 보장법이 통과됐고, 퇴직연금제도는 2005년 12월부터 도입됐다.

퇴직연금제도의 주요 내용은 다음과 같다.

① 노사가 일시금, 확정 기여형, 확정 급여형 연금 제도를 합의하에 선택할 수 있도록 했다.
② 확정 급여형의 연금 급여는 일시금 수령 기준으로 현행 퇴직금과 같도록 하고, 확정 기여형의 경우 사용자 부담이 현행 퇴직금과 같이 연간 임금 총액의 1/12 이상이 되도록 했다.
③ 직장 이동의 경우, 개인 퇴직 계좌를 이용해 퇴직 연금을 누적 및 통산할 수 있도록 했다.

알아두면 쓸 데 있는 **3분 생활 경제 상식**

④ 근로자를 사용하는 모든 사업 또는 사업장을 적용 대상으로
함으로써 적용 범위를 퇴직금 제도보다 확대했다. 5인 미만 사
업장의 경우는 2008년 이후 시행하도록 했다.

---

**참고 퇴직금과 퇴직 연금**

최근 우리나라가 초고령화 사회로 진입하게 되면서 노후 준비가 선택이 아
닌 필수가 됐다. 특히 퇴직 연금은 은퇴 이후의 생활에 큰 도움이 되기 때
문에 눈여겨봐야 한다. 기존 퇴직금은 회사가 부도가 날 경우에는 받을 수
없었는데 퇴직 연금 제도가 도입되면서 이러한 폐단이 사라졌다. 근로자들
이 매달 일정액을 외부 금융 기관에 적립함으로써 연금을 안정적으로 받
을 수 있게 된 것이다. 퇴직 연금의 장점으로는 세액 공제를 받을 수 있다
는 점, 연금에 가입하고 있는 시점에서 세금을 납부하지 않고 돈을 인출하
는 시점에 납부함으로써 소득세를 최대 30%까지 절약할 수 있다는 점 등
이 있다.

# 패러다임
paradigm

한 시대 사람들의 견해나 사고를 지배하고 있는 이론적 틀이나 개념의 집합체를 말한다.

미국의 과학 사학자이자 철학자인 토머스 쿤(Thomas Kuhn)이 그의 저서 《과학혁명의 구조 The Structure of Scientific Revolution》(1962)에서 제시한 개념으로, 사례·예제·실례·본보기 등을 뜻하는 그리스어 '파라데이그마(paradeigma)'에서 유래했다.

쿤은 과학의 세계에는 언제나 전체 과학자 집단에 의해 공식적으로 인정된 모범적인 틀이 있으며, 이 틀은 과학의 발전과 함께 변한다고 설명했다. 그는 시대마다 사람들의 사고 틀이 바뀌면서 한 시대를 지배하던 패러다임은 사라지고, 경쟁 관계에 있던 패러다임이 새롭게 그 자리를 대신한다고 주장했다. 패러다임이라는 말은 오늘날 모든 사회 현상을 정의하는 개념으로까지 확대돼 사용되고 있다.

# 픽토그램
## pictogram

'그림(Picture)'과 '전보(Telegram)'의 합성어로 사물·시설·개념 등의 내용을 쉽고 빠르게 이해할 수 있도록 고안된 '그림문자' 또는 언어를 초월해 직감으로 이해할 수 있도록 표현된 그래픽 심벌(symbol)을 말한다. 일반인들이 특별한 교육 없이도 간단한 그림이나 사진 등을 통해 내용을 즉시 이해할 수 있다는 장점이 있다.

픽토그램은 단순하고 의미가 명료해 정보를 쉽고 빠르게 전달할 수 있으며, 국가, 언어, 관습, 문화 등의 차이와 상관없이 전 세계 공통으로 사용할 수 있다. 픽토그램은 불특정 다수를 대상으로 하기 때문에 특정 대상을 상징화한 심벌마크, 로고타이프와는 다르다.

픽토그램이 가장 먼저 발달한 곳은 미국으로, 1920년대부터 교통 표지 매뉴얼을 사용했다. 영국은 1948년 런던 올림픽에서 픽토그램을 처음 사용했고, 일본은 1964년 도쿄 올림픽을 위한 그림 표지를 개발하는 데 사용하기 시작했다. 한편 국제 표준화 기구 (ISO)는 나라별로 달리 사용해온 픽토그램을 표준화하는 작업을 진행 중에 있는데, 2011년 현재까지 79가지 공공 안내 그림 표지와 158가지 안전 표지가 국제 표준으로 채택됐다. 이 중에서 우리나라가 제안한 '비상 대피소', '보안면 착용', '애완동물 금지', '음식물 반입 금지' 등 30여 개가 국제 표준으로 채택돼 있다.

# 032

# 해머킹
**hammocking**

인기 프로그램 사이에 새로운 프로그램을 끼워넣어 프로그램 시청률을 높이고자 할 때 사용하는 전략으로, '끼워넣기 편성', '그네타기 편성' 또는 '샌드위치 편성'이라고도 한다. 즉, 장래가 불확실한 신규 프로그램이나 시청률이 낮은 프로그램을 인기 있는 프로그램 사이에 끼워넣어 시청을 자연스럽게 유도하는 전략이다.

뉴스 전후에 인기 드라마를 편성하거나 인기 있는 프로그램의 방영 시간을 30분 정도 늦추고, 그 사이에 신규 프로그램을 편성하는 등과 같은 전략이 이에 해당한다.

해머킹은 새로운 프로그램을 지원하는 전략이기는 하지만, 2개의 인기 있는 프로그램 사이에 인기 없는 프로그램을 편성해 시청자를 경쟁 방송사에 빼앗길 수 있는 위험성도 있다. 즉, 앞서 방송된 인기 프로그램의 시청자로 시청률을 높일 수 있는 이점이 있는 반면, 새로운 프로그램이 시청자들의 흥미를 잃게 하면 뒤이어 방송되는 프로그램 시청률조차 떨어뜨릴 위험이 있는 것이다. 따라서 해머킹의 성과는 편성 후 목표로 했던 프로그램 시청률이 안정적인지, 시청률이 향상됐는지 프로그램 앞뒤에 위치한 인기 있는 프로그램의 시청률이 낮아지지 않았는지를 파악해야 한다.

해머킹을 할 때는 방송하려는 프로그램과 성격이 비슷한 인기 프로그램을 찾아 편성하고, 시청자의 특성을 고려해야 하며, 경쟁 방송사의 프로그램 시청률이 높은 시간대는 피하는 것이 좋다.

# 033

# 형이상학
## metaphysics

라틴어 'metaphysica'에서 유래한 것으로, 존재와 앎, 실재의 궁극적 본질 등을 연구하는 철학이다. 존재와 신, 외부 세계, 시간과 공간, 정신과 육체의 관계, 인과 관계, 인간사와 관련된 결정론 및 자유 의지 등을 탐구한다. 형이상학은 어떤 특수한 영역의 존재자(存在者)를 구성하는 원리를 탐구하는 과학과 달리, 모든 존재자의 궁극적인 근거를 연구한다.

앎과 관련된 형이상학의 측면을 '인식론'이라고 하는데, 형이상학적 질문은 고대 그리스에서 중세를 넘어서까지 철학적 탐구를 지배했다. 예를 들어, 플라톤은 실재가 형상이라는 추상적인 세계에만 존재한다고 믿었고, 13세기의 기독교 신학자 성 토마스 아퀴나스는 아리스토텔레스의 추론을 이용해 신의 존재의 밝히고자 했다. 또한 17세기 프랑스 철학자 르네 데카르트는 합리적인 논증을 통해 정신과 육체가 별개라는 결론에 도달했고, 물질과 비물질이

어떻게 상호 작용하는지를 탐구했다.

형이상학을 학문으로 확립한 것은 '아리스토텔레스'다. 그는 존재자에 관해 보편적으로 그 제1의 원리·원인을 탐구하는 학문을 '제1철학(prōtē philosophia)'이라 부르고, 학문 체계의 최상위에 뒀다. 변화하는 자연물의 배후에서 영원불멸의 실재를 구하려는 것은 그리스 철학의 본질이라 할 수 있고, 이러한 의미에서 그리스 철학은 형이상학적이라고 할 수 있다. 근세기 형이상학을 부흥시키는데 공헌한 사람은 베르그송, 하이데거 등이다.

### ① 봄
- 입춘(立春, 2월 4일~5일): 봄의 시작
- 우수(雨水, 2월 19일~20일): 봄비가 내리고 싹이 틈.
- 경칩(驚蟄, 3월 5일~6일): 개구리 겨울잠에서 깨어남.
- 춘분(春分, 3월 21일~22일): 낮이 길어짐.
- 청명(淸明, 4월 5일~6일): 봄 농사 준비
- 곡우(穀雨, 4월 20일~21일): 농사비가 내림.

### ② 여름
- 입하(立夏, 5월 6일~7일): 여름의 시작
- 소만(小滿, 5월 21일~22일): 본격적인 농사 시작
- 망종(芒種, 6월 6일~7일): 씨 뿌리기 시작
- 하지(夏至, 6월 21일~22일): 낮이 연중 가장 긴 시기
- 소서(小暑, 7월 7일~8일): 더위의 시작
- 대서(大暑, 7월 23일~24일): 더위가 가장 심함.

### ③ 가을
- 입추(立秋, 8월 8일~9일): 가을의 시작
- 처서(處暑, 8월 23일~24일): 더위가 식고 일교차 큼.
- 백로(白露, 9월 8일~9일): 이슬이 내리기 시작
- 추분(秋分, 9월 23일~24일): 밤이 길어짐.
- 한로(寒露, 10월 8일~9일): 찬이슬이 내리기 시작
- 상강(霜降, 10월 23일~24일): 서리가 내리기 시작

### ④ 겨울
- 입동(立冬, 11월 7일~8일): 겨울 시작
- 소설(小雪, 11월 22일~23일): 얼음이 얼기 시작
- 대설(大雪, 12월 7일~8일): 겨울 큰 눈이 옴
- 동지(冬至, 12월 22일~23일): 밤이 가장 긴 시기
- 소한(小寒, 1월 6일~7일): 가장 추운 때
- 대한(大寒, 1월 20일~21일): 겨울 큰 추위

제2장

# 경제편

# 034

**FAANG**

페이스북(Facebook), 애플(Apple), 아마존(Amazon), 넷플릭스 (Netflix), 구글(Google)의 첫 자를 딴 것으로, 미국 증시 기술주 를 뜻한다. 2014년부터 2017년까지 FAANG 기업의 주가는 180% 나 뛰었다. 그 결과, 넷플릭스를 제외한 4개 사는 마이크로소프트 와 함께 2017년 1년간 세계 시가총액 톱 5 자리를 독점해왔다. 이 들은 세계 시가총액 랭킹 10위 안에 들 정도로 시장 지배력이 절 대적이다. 불과 몇 년 전만 해도 미국에선 IT, 자동차, 에너지 등 여 러 업종이 시장을 균분했지만, 현재는 FAANG과 같은 IT 공룡들 이 시장을 독차지하고 있다.

FAANG의 등장은 하드웨어(HW) 제조 시대가 가고 '플랫폼 시 대'가 도래했음을 의미한다. 여기서 플랫폼이란, 온라인에서 유·무 형의 상품을 사고팔거나 마케팅을 하는 일종의 장터를 뜻한다. 현 재 FAANG과 같은 기업들은 소프트웨어 능력으로 거대 플랫폼을 형성하면서 경쟁의 법칙을 바꾸고, 기존 질서를 파괴하면서 시장을 석권하고 있다.

하지만 2018년에 접어들면서 이들의 지위는 급격히 흔들리고 있다. 애플의 '배터리 게이트', 페이스북의 개인 정보 유출 사태, 우버의 자율 주행차 사망 사고, 테슬라의 전기차 폭발 사고, 유튜브(구글 자회사) 본사 총격 사건 등 발생했다. 더욱이 유럽연합(EU)는 미국 IT 기업들을 겨냥한 개인 정보 보호법(GDPR)과 디지털세(매출의 3%) 도입을 추진 중이다.

# 035

# G2/G20

G20은 선진국과 신흥 경제국 지도자들의 모임을 말한다. 1997년 아시아 외환위기 이후 선진국들이 세계 경제에서 비중이 커진 신흥 경제국과의 금융 협의를 강화할 필요성이 높아짐에 따라 1999년 12월에 창설됐다. 현재 선진국 중심의 G7, 신흥국 12개국,[1] 유럽 연합 의장국을 포함 총 20개국이 참여하고 있으며, 국제 사회가 당면하고 있는 경제 현안과 세계 정세 등을 논의한다.

1997년 외환위기 이후 전 세계의 경제적 안정을 위해서는 G7(미국, 독일, 영국, 일본, 이탈리아, 캐나다, 프랑스) 모임만으로는 한계가 있음을 깨닫고, 신흥국 협력을 통한 긴밀한 정책 공조의 일환으로 1999년 12월 선진 7개국 정상회담과 유럽연합 의장국 그리고 신흥시장 12개국 등 세계 주요 20개국을 회원으로 하는 국제기구

---

1) 한국, 중국, 러시아, 호주, 남아프리카공화국, 인도, 인도네시아, 사우디아라비아, 터키, 아르헨티나, 브라질, 멕시코

인 'G20'이 탄생한다. 1999년 12월 독일에서 첫 회의가 열린 이래 매년 정기적으로 회원국의 재무장관과 중앙 은행 총재가 회담하다가 세계적 금융위기 발생을 계기로 2008년부터 정상급 회의로 격상됐다. 'G'는 영어 '그룹(group)'의 머리글자고, 뒤의 숫자는 참가국의 수를 가리킨다.

회원국은 미국·프랑스·영국·독일·일본·이탈리아·캐나다 등 G7에 속한 7개국과 유럽연합 의장국에 한국을 비롯한 아르헨티나·오스트레일리아·브라질·중국·인도·인도네시아·멕시코·러시아·사우디아라비아·남아프리카공화국·터키를 포함하는 신흥시장 12개국을 더한 20개국이다. 유럽연합 의장국이 G7에 속할 경우에는 19개국이 된다.

G20의 주요 회의 내용은 국제 금융의 현안이나 특정 지역의 경제 위기 재발 방지책, 선진국과 신흥 시장 간의 협력 체제 구축 등이며, IMF·세계은행(IBRD)·유럽중앙은행(ECB)·국제통화금융위원회(IMFC)가 옵서버 자격으로 참가한다.

종전에는 G7이 대개 1년에 한 차례 정상회의를 열어 세계의 경제 문제를 논의했지만, 1997년 아시아의 외환위기를 맞아 선진 7개국의 협력만으로는 위기를 해결하기 어렵다는 의견이 대두됐고, 중국·인도 등 정치적·경제적으로 성장한 신흥국들이 포함되지 않아 대표성이 결여돼 있다는 문제점도 제기됐다.

이에 따라 IMF 회원국들 가운데 가장 영향력 있는 20개국을 모은 것이 G20이다. G20 국가의 총 인구는 전 세계 인구의 3분의 2

에 해당하고, 20개국의 국내 총생산(GDP)은 전 세계의 90%에 이르며, 전 세계 교역량의 80%가 이들 20개국을 통해 이뤄질 정도로 세계 경제에서 큰 비중을 차지한다.

G20은 5개 그룹으로 나뉘는데, 미국·캐나다·사우디아라비아·오스트레일리아가 1그룹, 러시아·인도·터키·남아프리카공화국이 2그룹, 브라질·아르헨티나·멕시코가 3그룹, 영국·프랑스·독일·이탈리아가 4그룹, 한국을 포함한 일본·중국·인도네시아가 5그룹이다. 별도의 사무국은 없으며, 의장국이 1년간 사무국 역할을 한다. 제5차 정상회의는 2010년 11월 한국의 서울에서 개최됐다.

# 036

# GNP/GDP

국민 총생산(GNP, Gross National Product)은 한 나라의 국민이 생산한 것을 모두 합한 금액을 말한다. 우리나라 국민이 외국에 진출해 생산한 것도 GNP에 포함된다. 하지만 우리나라 국민들(특히 기업들)의 해외 진출이 늘어나게 되면서부터 대외 수취 소득을 제때 정확하게 산출하는 것이 점점 어려워지게 됐고, 이로써 GNP의 정확성이 전보다 떨어져 경제 성장률을 따질 때는 GNP보다 우리나라 영토 내에서 이뤄진 총생산을 나타내는 '국내 총생산'을 사용하고 있는 추세다.

국내 총생산(GDP, Gross Domestic Product)은 한 나라의 영역 내에서 가계, 기업, 정부 등과 같은 모든 경제 주체가 일정 기간 동안 생산한 재화 및 서비스의 부가 가치를 시장 가격으로 평가해 합산한 것으로, 이에는 비거주자가 제공한 노동, 자본 등 생산 요소에 의해 창출된 것도 포함된다.

GDP는 당해 연도와 기준 연도 중 어느 해의 시장 가격을 이용해 생산액을 평가하느냐에 따라 명목 GDP 및 실질 GDP로 나뉜다. 명목 GDP는 생산액을 당해 연도 시장 가격으로 평가한 것으로 물가 상승분이 반영된 것이고, 실질 GDP는 생산량에 기준 연도의 시장 가격을 곱해 계산한 것으로 가격 변동이 제거된 생산량 변동만이 반영된 것이다. 이와 같이 GDP를 명목과 실질로 구분해 추계하는 이유는 각각의 용도가 서로 다르기 때문이다.

국민 경제의 전체적인 규모나 구조 변동 등을 분석하고자 할 때는 명목 GDP, 경제 성장, 경기 변동 등과 같은 국민 경제의 실질적인 생산 활동 동향 등을 분석하고자 할 때는 실질 GDP를 사용한다. 현재 한국 GDP 통계는 UN이 각국에 권고한 국제 기준인 국민 계정 체계(SNA, System of National Accounts)에 따라 한국은행에 의해 작성돼 분기별로 공표되고 있다.

알아두면 쓸 데 있는 **3분 생활 경제 상식**

# 037

# M&A/기업 사냥꾼
**mergers/acquisitions**

M&A는 외부 경영 자원 활용의 한 방법으로, 기업의 인수와 합병을 의미한다. 여기서 인수는 대상 기업의 자산이나 주식을 취득해 경영권을 획득하는 것을 말하고, 합병은 2개 이상의 기업이 결합해 법률적으로 하나의 기업이 되는 것을 의미한다. 최근에는 M&A가 기업의 인수와 합병, 금융적 합작 관계, 전략적 제휴 등까지 포함한 보다 넓은 개념으로 사용되고 있다.

M&A는 기업의 효율성 및 이윤 추구의 동기가 된다는 점, 안정성과 성장력의 동기를 부여한다는 점, 기업 또는 사업 간 시너지(Synergy) 효과가 나타난다는 점 등과 같은 장점이 있다.

M&A의 방법으로는 주식 인수, 기업 합병, 기업 분할, 영업 양수도 등이 있다. 주식 인수는 매수 대상 회사의 주식을 인수해 지배권을 획득하는 방법으로 주식 인수 형태를 취하면 회사 채권자들

의 동의를 받을 필요 없이 주식 자체만 매수 대상이 되므로 거래 시간과 비용이 절약된다는 이점이 있다. 기업 합병은 2개 이상의 회사가 계약에 의해 청산 절차를 거치지 않고 하나의 경제적·법적 실체로 합쳐지는 것을 의미한다. 합병은 피합병 회사의 자산과 부채를 포함한 모든 권리와 의무가 합병 법인에게 포괄적으로 승계되고, 합병 법인은 그 대가로서 피합병 법인의 주주들에게 합병 법인의 주식과 합병 교부금을 지급한다. 그리고 기업 분할은 회사가 독립된 사업 부문의 자산과 부채를 포괄적으로 이전해 1개 이상의 회사를 설립함으로써 1개 회사가 2개 이상의 회사로 나눠지는 것을 의미한다. 이때 자산과 부채를 포괄적으로 이전하는 회사를 '분할 회사', 이전받는 회사를 '분할 신설 회사'라고 한다.

한편, 기업 사냥꾼은 기업의 인수 합병과 관련된 전문 투자가를 말한다. 즉, 특정 목적을 달성하기 위해 기업을 인수하거나 합병하는 투자가 또는 전문가 집단이다. 원래 기업 사냥꾼은 필요에 따라 우호적 M&A 또는 적대적 M&A를 취하지만, 적대적 매수자를 기업 사냥꾼으로 표현하는 경우가 많다.

기업 사냥꾼은 크게 세 가지로 나눌 수 있다.

첫째, 거대한 기업 조직을 운영하면서 기업 가치를 극대화할 목적으로 M&A를 활용하는 경우다. 대표적인 예로 제너럴일렉트릭(GE)을 이끄는 잭 웰치(Jack Welch) 회장을 들 수 있다. 웰치는 16년 동안 480여 개의 기업을 사고팔아 GE를 세계 최고의 기업으로 변신시켰다.

둘째, M&A를 통해 기업 매매 차익을 노리는 경우다. 적대적 M&A를 통해 저렴한 가격으로 기업을 인수한 후, 이보다 높은 가격으로 넘겨 차익을 남긴다. 대표적인 예로 트랜스월드항공(TWA, Trans World Airlines)의 회장인 칼 아이칸(Carl Icahn)을 들 수 있다.

셋째, M&A 대상이 되는 기업에 전문적으로 투자해 그린메일(greenmail)이나 주식 매매 차익을 노리는 경우다. 대표적인 예로 워렌 버핏(Warren Buffet)을 들 수 있다.

# 038

# 가처분소득

可處分所得, disposable income

가계의 수입 중 소비와 저축 등으로 소비할 수 있는 소득을 말하며, 총소득에서 비소비 지출(세금이나 의료 보험료 등)을 제하고 남아 저축에 쓸 수 있는 금액을 말한다. 이를 '개인 가처분 소득(disposable personal income)'이라고도 한다. 가처분소득이 증가하면 그 증가분의 한계 소비 성향(propensity to consume)만큼 소비가 증가한다.

개인이 월급을 받을 때는 명목상 받는 금액과 실제로 받는 금액이 다르다. 이를 구분하기 위해 생긴 개념이 '가처분소득'이다. 가계의 가처분소득이 중요한 이유는 소비의 크기에 따른 내수의 크기를 파악할 수 있기 때문이다. 이처럼 가처분 소득은 경기가 활성화될 것인지 침체될 것인지, 투자가 증대될 것인지 위축될 것인지를 판단하는 근거로 활용된다. 특히, 소비 수요와 투자 수요는 한 나라의 경기를 가늠해주기 때문에 기업은 물론 정책 당국자에게도 중요한 지침이 된다.

가처분소득을 측정할 때는 보통 세무 통계를 이용하지만, 이것을 보정(補正)하기 위해 개인 저축 및 개인 소비를 추계(推計)하는 여러 자료를 이용하는 일이 많다. 이 밖에도 가처분소득은 국민 경제에서의 소득분배의 평등 정도를 측정하는 자료로 쓰이기도 한다.

### 참고 한계 소비 성향

새롭게 증가한 소득 중에서 소비가 차지하는 비율을 말한다. 저소득층은 고소득층에 비해 한계 소비 성향이 높게 나타나고, 경제가 인플레이션일 때도 한계 소비 성향이 높게 나타난다. 한계 소비 성향이 높을수록 소득이 증가하고, 소비가 더 큰 폭으로 증가하기 때문에 경제 파급가 크다. 한계 소비 성향이 높을수록 재정 정책의 효과가 커지는 것은 바로 이 때문이다.

# 039

# 경기종합지수

景氣綜合指數, composite indexes of business indicators

전체 국민 경제의 동향을 쉽게 파악하고 예측하기 위해 주요 경제 지표의 움직임을 가공·종합해 지수 형태로 나타낸 것으로, CI(Composite index)로 줄여 말하기도 한다. 1983년 3월부터 통계청에서 매달 작성해 발표하고 있으며, 개별 구성 지표의 경기 전환점에 대한 일치성 정도에 따라 선행종합지수(leading), 동행종합지수(coincident), 후행종합지수(lagging)로 나눈다.

선행종합지수는 앞으로의 경기 동향을 예측하는 지표로, 향후에 일어날 경제 활동에 큰 영향을 미치는 지표의 움직임을 종합해 작성된다. 한편 동행종합지수는 현재의 경기 상태를 보여주는 지표로, 전체 국민 경제의 경기 변동과 거의 동일한 방향으로 움직이는 지표로 구성된다. 또한 후행종합지수는 경기의 변동을 사후에 확인하는 지표다.

경기종합지수는 현재의 경기 동향이나 장래의 경기를 예측하기 위해 사용하는 경기지수의 한 유형이다. 각 경제 부문의 지표 중 경기에 반영되는 주요 경제 지표를 선정하고, 이 지표들의 전월 대비 증감률을 가중 평균해 작성한다. 경기 변동의 진폭은 개별 구성 지표의 증감률 크기로 알 수 있고, 경기 변동의 방향, 국면 및 전환점, 변동 속도 등을 동시에 분석할 수 있기 때문에 종합 경기 지표로써 널리 활용된다.

# 040

# 경제행복지수/경제고통지수
## economic happiness index/economic misery index

경제행복지수는 개인이 경제적으로 어느 정도의 만족과 기쁨을 느끼는지를 평가하는 척도를 말한다. 한국경제신문과 현대경제연구원이 '5개의 하위지수'와 '전반적 행복감'을 종합해 산출한다. 여기서 5개의 하위지수란 경제적 우위, 경제적 안정, 경제적 평등, 경제적 발전, 경제적 불안을 말한다. 지수의 최댓값은 100, 최솟값은 0, 중간값은 50이며, 100에 가까울수록 행복하다고 느끼고, 0에 가까울수록 불행하다고 느끼고 있다는 것을 의미한다.

조사 대상은 전국의 20세 이상 경제 활동 인구(학생 제외)며, 표본은 지역별 최소 할당과 인구 비례에 의한 배분을 거쳐 추출된다. 2007년 말 첫 조사가 실시됐으며, 조사가 6개월에 한 번씩 이뤄진다.

경제고통지수는 국민이 피부로 느끼는 경제적인 삶의 질을 수치로 나타낸 것으로, 물가 상승률(인플레이션율)과 실업률을 합해 계산한다. 예를 들어, 물가가 전반적으로 상승할 경우 국민은 이전보

알아두면 쓸 데 있는 **3분 생활 경제 상식**

다 더 많이 지출해야 한다. 설사 임금이 올라 가계 소득이 증가한다 하더라도 물가 상승률이 소득 증가율보다 높으면 가계의 경제적 고통이 가중된다. 또한 직업을 갖지 못한 사람(실업자)이 많아지면 국민이 느끼는 경제적 고통은 커진다.

---

### 참고 세계행복지수

OECD, UN 등에서는 매년 GDP, 기대 수명, 자율성, 부패 인식, 삶의 만족도, 환경 오염도, 청렴도 등을 기준으로 세계행복지수를 산출해 국가별 순위를 발표하고 있다. 이를 살펴보면 고도로 산업화된 경제 선진국보다는 인구수가 적고 쾌적한 환경을 보유하고 있는 나라의 행복지수가 높은 것으로 나타나는데, 이는 경제 선진국일수록 고도화된 문명과 자본 집중으로 각종 조세 부담이 가중되고, 경쟁 격화, 고(高)물가, 환경 오염 등으로 삶의 질이 저하되기 때문인 것으로 풀이된다.

# 041

# 고정환율제/변동환율제

固定換率制, fixed exchange rate
/變動換率制, floating exchange rate system

고정 환율제는 정부가 특정 통화의 환율을 일정한 수준에서 고정한 후, 이 환율을 유지하기 위해 중앙 은행이 외환 시장에 개입하도록 한 제도다. 이 제도를 시행하면 환율이 안정적으로 유지돼 경제 활동이 안정적으로 이뤄지기 때문에 대외적인 거래가 촉진되지만, 환율 변동에 따른 국제 수지 조정이 불가능해지기 때문에 대외에서 충격이 발생하면 불안정해지는 등과 같은 문제가 발생하기도 한다. 고정 환율제의 대표적인 예로는 19세기 말~20세기 초에 시행된 금본위제를 들 수 있는데, 동일한 제도하에서 모든 국가가 자국의 통화 가치를 금에 고정함으로써 모든 통화의 환율을 안정적으로 유지할 수 있었다.

변동환율제는 고정환율제와 달리, 통화 가치가 외국환 시장에 따라 변화하도록 하는 제도를 말한다. 다시 말해, 각 국가의 통화 교환 비율을 시장의 거래에 맡기는 것이다. 변동환율제의 경우, 환전

시 통화의 가격이 자동으로 조절되기 때문에 경제 상황에 급격히 변할 경우, 위험성이 줄어든다. 외국인 투자자 및 기업의 투자 시에도 상대적으로 유리할 수 있다. 그러나 확실성과 예측성이 불가능하다는 단점도 있다.

> **참고 공동 변동 환율제**
>
> 한 가지 경제권을 형성하고 있는 나라들이 역내(域內)에서는 환율을 고정시키고, 역외(域外)에서는 공동으로 환율을 변동시키는 제도를 말하며, '공동 플로트'라고도 한다. 공동 변동 환율제의 대표적인 예로는 1973년 달러 절하에 대처하기 위해 EC 여러 국가들이 채택한 유럽 통화 제도(EMS)를 들 수 있다.

# 골드스미스 비율
## goldsmith ratio

　한 나라의 실물 자산에 대한 금융 자산의 비율로, 경제 성장과 금융 구조의 관계를 나타내는 자료로 이용된다. 골드스미스(R. W. Goldsmith)가 사용하기 시작해 '골드스미스 비율'이라고 한다.

　이는 실물 면의 자본 축적 잔액에 대한 금융 면의 금융 자산 잔액의 비율로, 유형 고정 자산의 증대를 위한 금융 조직의 발달 정도, 즉 금융 구조의 고도화 또는 금융 자산 축적의 정도를 나타내는 지표라 할 수 있다. 그런데 한 나라의 유형 자산 규모를 파악하는 것이 쉽지 않아 유형 자산 대신 경상 GNP를 이용하기도 한다. 골드스미스 비율은 장기적으로 상승 추세를 보이며, 일반적으로 선진국이 후진국에 비해 높다.

# 골디락스
**goldilocks**

골드(gold, 금)와 락(lock, 머리카락)의 합성어로, '금발머리를 가진 사람'을 말한다. 골디락스는 영국의 전래동화 〈골디락스와 곰 세 마리〉에 등장하는 금발머리 소녀의 이름에서 유래했다. 이 용어는 인플레이션을 우려할 만큼 과열되지도 않고, 경기 침체를 우려할 만큼 냉각되지도 않은 경제 상태를 말한다.

UCLA 앤더스 포캐스트의 수석 경제학자 데이비드 슐먼(David Shulman)이 처음으로 사용한 이 용어는 경제가 성장세를 보이고 있는데도 물가가 상승하지 않는 이상적인 경제 상황을 나타낼 때 사용한다.

골디락스의 대표적인 예로는 1990년대 후반의 미국 경제를 들 수 있다. 당시 미국은 IT 산업 육성으로 생산성이 향상돼 물가가 상승되지 않은 상태에서 수년 동안 4% 이상의 고성장을 달성했다. 이처럼 골디락스 경제하에서는 물가 상승에 대한 큰 부담 없이도 실업률 하락, 소비 확대, 주가 상승, GDP 성장 등을 실현할 수 있다.

골디락스라는 용어는 마케팅에서도 사용된다. 비싼 상품과 싼 상품 사이에 중간 가격의 상품을 진열해 소비자가 중간 가격의 상품을 선택하도록 유도하는 전략을 '골디락스 가격'이라고 한다. 사람들은 본능적으로 극단적인 선택보다는 평균값에 가까운 것을 선택하는 경향이 있다는 것을 이용한 판매 기법이다.

경기 순환 이론에서는 경기가 회복기, 호황기, 후퇴기, 불황기의 단계를 반복한다고 보는데, 골디락스 경제는 통상적으로 불황기(겨울)와 호황기(여름) 사이에 나타나는 것으로 알려져 있다. 골디락스 경제가 바람직하긴 하지만, 경기는 순환하므로 이 상태가 계속 유지될 것이라고 기대하기는 어렵다.

# 044

# 공매도

公賣度, short selling, shorting

주식이나 채권을 갖고 있지 않은 상태에서 매도 주문을 내는 것을 말한다. 자신이 갖고 있지 않은 주식이나 채권을 판 후 결제일이 돌아오는 3일 안에 해당 주식이나 채권을 구해 매입자에게 돌려주면 되기 때문에 약세장이 예상될 때 시세차익을 노리는 투자자가 활용한다.

공매도를 한 투자자의 예상대로 주가가 하락하면 많은 시세차익을 낼 수 있지만, 예상과 달리 주가가 상승하면 손해를 본다. 또 주식을 확보하지 못해 결제일에 주식을 입고하지 못하면 결제 불이행의 책임을 지게 된다.

공매도는 무차입공매도(naked short selling)와 차입공매도(covered short selling)로 나뉜다. 무차입공매도는 현재 갖고 있지 않는 주식을 미리 판 후 결제일 이전에 시장에서 해당 주식을 다시 사서 갚는 방법이고, 차입공매도는 제삼자로부터 주식을 빌려 매도한 후 되갚는 방법이다.

　우리나라의 경우, 증권 시장에 상장된 증권(대통령령으로 정하는 증권에 한함)에 대해 '소유하지 않은 증권의 매도(무차입 공매도)' 또는 '차입한 증권으로 결제하고자 하는 매도(차입공매도)'를 하거나 그 위탁 또는 수탁을 해서는 안 된다고 규정하고 있다. 다만, '차입공매도'에 해당하는 경우로서 증권 시장의 안정성 및 공정한 가격 형성을 위해 대통령령으로 정하는 방법에 의한 경우에만 제한적으로 공매도가 인정된다(자본 시장과 금융 투자업에 관한 법률 제180조 제1항).

　즉, 현재 법은 원칙적으로 모든 공매도를 금지하되, 이 중 차입공매도에 해당하고 결제 불이행 가능성이 없는 경우에 한해 차입공매도를 인정하고 있는 것이다. 반면, 다음의 각 경우에 해당하는 거래는 공매도로 보지 않는다.

① 증권 시장에서 매수 계약이 체결된 상장 증권을 해당 수량의 범위에서 결제일 전에 매도하는 경우

② 전환 사채·교환 사채·신주인수권부 사채 등의 권리 행사, 유·무상증자, 주식배당 등으로 취득할 주식을 매도하는 경우로서 결제일까지 그 주식이 상장돼 결제가 가능한 경우

③ 그 밖에 결제를 이행하지 아니할 우려가 없는 경우로서 대통령령으로 정하는 경우(자본시장과 금융 투자업에 관한 법률 제180조 제2항)

알아두면 쓸 데 있는 **3분 생활 경제 상식**

한편, 허용되는 차입공매도의 경우라 하더라도 증권 시장의 안정성 및 공정한 가격 형성을 저해할 우려가 있는 경우에는 거래소의 요청에 따라 상장 증권의 범위, 매매 거래의 유형 및 기한 등을 정해 차입공매도를 제한할 수 있다(자본시장과 금융투자업에 관한 법률 제180조 제3항, 동법 시행령 제208조 제4항). 공매도의 구체적인 범위와 판단 기준 등에 관해 필요한 사항은 금융위원회가 정해 고시한다(자본시장과 금융투자업에 관한 법률 시행령 제208조 제5항).

# 045

# 공모펀드/사모펀드
**public offering fund/private placement fund**

공모펀드는 자본시장법상 공모(모집·매출)의 방식으로 투자자를 모으는 펀드를 말한다. 흔히 우리가 알고 있는 펀드가 공모펀드다. 공모펀드는 투자자를 보호하기 위해 분산 투자 등의 자산 운용 규제, 투자 설명서 설명·교부 의무, 외부 감사 등과 같은 엄격한 규제가 적용된다.

한편, 사모펀드는 소수의 투자자로부터 비공개로 자금을 모아 주식이나 채권에 투자하는 고수익·고위험 펀드를 말한다. 사모펀드는 ① 자본 시장법상 공모 외의 방식(사모)으로 투자자를 모으는 펀드로서 ② 법령에서 정하는 전문 투자자 등을 제외한 투자자의 수가 49인 이하로 제한된다.

공모펀드는 자산총액의 10% 이상을 증권에 투자할 수 없고, 동일 종목이나 동일 법인이 발행한 지분 증권 총수의 10% 이상을 투자할 수 없는 등의 제한이 있다. 그러나 사모펀드는 투자 대상에 제한이 없다. 사모펀드는 비공개로 투자자를 모집해 자산 가치가 저평가된 기업에 자본 참여를 해 기업 가치를 높인 후 기업 주식을 되파는 전략을 취한다. 매입자의 입장에서는 유리한 조건으로 대량의 주식을 확보할 수 있다는 이점이 있다.

공모펀드와 사모펀드를 나누는 법적 기준은 펀드 가입 고객 수다. '자본시장과 금융투자업에 관한 법률'에는 50인 이상에게 투자 권유를 하는 경우에는 '공모', 49인 이하의 경우에는 '사모'라고 규정하고 있다. 사모펀드의 가장 큰 특징은 소수의 투자자를 대상으로 한다는 점이다. 소규모로 운용되는 만큼 기동력이 좋고, 수익률 또한 높다. 반면, 위험 부담이 따르기 때문에 시장을 잘못 예측했을 때는 큰 손해를 볼 수 있다.

# 046

# 공유지의 비극
## the tragedy of commons

공유 자원의 이용을 개인의 자율에 맡길 경우, 자원이 남용되거나 고갈되는 현상을 말한다. 1833년 영국의 경제학자 윌리엄 포스터 로이드가 처음 소개한 이론으로, 그는 자원의 이용을 개인의 자율에 맡기면 공익이 훼손돼 결국 개개인의 이익 자체까지 훼손된다고 봤다.

영국의 한 마을에 목초가 풍부해 가축을 기르기 좋은 초원이 있었다. 초원 가까이 살던 목동들은 소를 끌고 와 풀을 먹였다. 처음에는 소가 적어 마음껏 풀을 뜯어먹어도 아무런 문제가 없었다. 그런데 점점 많은 목동이 몰려오면서 초원은 폐허가 됐다. 목동들은 소들이 풀을 먹는 데에만 관심이 있을 뿐, 초원을 관리하는 데에는 관심이 없었기 때문이다. 결국 소들은 굶어 죽게 되고, 소를 기르는 목동들의 일자리도 사라졌다. 경제학에선 이를 '공유지의 비극(Tragedy of the Commons)'이란 개념으로 설명한다.

생물학자인 개릿 하딘(Garrett Hardin)은 1968년 〈사이언스 (Science)〉에 실린 그의 논문에서 공유지의 희귀한 공유 자원은 어떤 공동의 강제적 규칙이 없는 경우, 많은 이들의 무임승차 때문에 결국 파괴된다는 사실을 지적했다. 개릿 하딘은 마을의 초지를 공유하는 사람들이 자신의 이익을 챙기기 위해 가능한 한 많은 소떼들을 초지에 풀어놓게 되고, 그 결과 발생하는 비극을 다음과 같이 은유적으로 표현했다.

"파멸은 모든 인간이 달려가는 최종 목적지다. 공유 자원은 자유롭게 이용해야 한다고 믿는 사회에서 각 개인이 자신의 최대 이익만을 추구할 때 도달하는 곳이 바로 이 파멸인 것이다. 이처럼 공유 자원에서 보장되는 자유는 모두를 파멸의 길로 이끈다."

# 047

# 국제수지/경상수지

國際收支, **balance of payments**
/經常收支, **balance on current account**

국제수지는 일정 기간 동안 한 나라가 다른 나라와 행한 모든 경제적 거래를 체계적으로 분류한 것을 말한다. 여기서 '일정 기간 동안'이라는 말은 통상 1년을 지칭하는 것이지만, 분기별 집계에서와 같이 1년 미만 또는 1년 이상으로 설정하는 경우도 있다.

국제수지는 모든 형태의 거래, 즉 재화 및 용역의 거래, 국가 간의 이전 거래, 자본 거래 등과 같은 일체의 거래를 포함한다. 한 국가의 국제수지는 균형을 이루는 것이 바람직하다. 즉, 지출이 수입보다 많으면 그 국가의 보유 외화가 고갈되고, 긴급한 재화마저 수입할 수 없게 됨으로써 경제가 파탄에 이를 수 있다.

경상수지는 국제 간의 거래에서 자본 거래를 제외한 경상적 거래에 관한 수지를 말한다. 경상수지는 자본수지·종합수지와 함께 국제수지를 구성하며, 다음과 같이 분류한다.

① 상품수지: 상품의 수출과 수입의 차액을 나타내는 수지

② 서비스수지: 해외 여행, 유학·연수, 운수 서비스 등과 같은 서비스 거래 관계가 있는 수입과 지출의 차액을 나타내는 수지

③ 소득수지: 임금, 배당금, 이자와 같이 투자의 결과로 발생한 수입과 지급의 차액을 나타내는 수지

④ 경상이전수지: 송금, 기부금, 정부의 무상 원조 등 대가 없이 주고받은 거래의 차액을 나타내는 수지

경상수지는 국제수지의 기조(基調)를 판단하는 기준이 되기 때문에 종합수지 다음으로 많이 이용한다. 대개 선진 공업국은 경상수지가 흑자이므로 수입 또는 자본 수출의 여력이 있지만, 개발도상국은 적자이므로 외자를 도입해 생산력을 확충하고 수출을 증대할 필요가 있다.

# 규제 샌드박스
**regulatory sandbox**

혁신 기업들이 새로운 기술이나 서비스를 자유롭게 테스트해볼 수 있도록 일정 기간 동안 기존의 규제를 면제 또는 유예시켜주는 제도를 말한다. 샌드박스(sandbox)는 어린이가 맘껏 뛰어놀 수 있도록 설치한 모래상자를 뜻하는 용어로, 아이디어와 기술을 가진 혁신 기업들이 규제가 없는 환경에서 역량을 펼칠 수 있도록 만든 제도다. 이 제도는 영국에서 핀테크 산업을 육성하기 위해 처음 시작됐으며, 현 정부에서도 규제 개혁 방안 중 하나로 채택됐다.

사업자가 새로운 제품, 서비스에 대해 규제 샌드박스 적용을 신청하면 법령의 개정 없이 심사를 거쳐 시범 사업, 임시 허가 등으로 규제를 면제, 유예함으로써 그동안 규제로 인해 출시할 수 없었던 상품을 빠르게 시장에 내놓을 수 있도록 한 후, 문제가 있으면 사후 규제하는 방식을 취한다.

# 그리드락
**gridlock**

교차로에서 차가 뒤엉켜 움직이지 못하는 교통 정체 상태를 뜻하는 말로, 양측의 의견이 서로 팽팽히 맞서 업무나 정책이 추진되지 못하는 상황을 말한다. 주로 경제 분야에서 서로의 소유권 주장이 맞물려 양측 모두 피해를 보게 되는 상황을 나타낼 때 쓰인다.

그리드락은 미국 콜롬비아대 법학과 마이클 헬러 교수가 처음 사용했다. 그는 『소유의 역습, 그리드락』이라는 책에서 경제학의 핵심 개념인 '소유권'을 중심으로 발생한 현대 경제의 문제점을 분석해 학계와 재계의 주목을 받았다. 그는 "가진 자는 많아졌지만, 사회 전체의 부는 정체된 상태"라고 말하면서 이러한 경제적 정체 현상을 '그리드락'이라고 표현했다.

그리드락이라는 용어는 다양한 분야에서 사용된다. 경제 분야에서는 사적 소유권 인정이 지나치게 많아질 경우, 양측 모두 피해를 입게 되는 상황을 말하고, 정치 분야에서는 정부와 의회를 각각 다른 당이 장악한 여소야대 정국에서 서로 견제에만 치중했을 때 정국이 교착 상태에 빠지는 상황을 말한다.

그리드락의 사례로는 애플, 삼성전자, 마이크로소프트, 구글 등과 같은 IT 기업의 특허 소송, 미국에서 지난 30년 동안 등록된 DNA 관련 특허가 4만 개가 넘는데도 신약 개발이 지지부진한 현상, 2013년 의료 보험 문제를 둘러싼 여야 간의 갈등으로 촉발된 연방 정부의 셧다운(부분 업무 정지) 사태 등을 들 수 있다.

# 글래스스티걸법
## glass-steagall act

미국에서 1933년에 제정된 상업은행에 관한 법률로, 이를 제안한 의원의 이름을 따서 '글래스스티걸법'이라 불리고 있다. 이 법의 핵심 내용은 서로 다른 금융 업종 간에 상호 진출을 금지하자는 것이다. 1929년의 주가 폭락과 그에 이은 경제 대공황이 상업은행의 방만한 경영과 이에 대한 규제 장치의 부재 때문에 발생했다는 지적에 따라 이에 대한 근본적인 개혁을 위해 제정됐다.

이 법의 주요 내용은 지점망의 재조정, 연방 예금 보험 제도의 창설, 예금 금리의 상한 설정, 연방 준비 제도의 강화, 투자 은행 업무로부터의 완전 분리 등이었는데, 그 결과 기업이 발행하는 유가증권 인수 업무는 투자은행에만 한정되고 상업은행에 대해서는 일체 금지됐다.

# 금본위제
金本位制度, gold standard

화폐 단위의 가치와 금의 일정량의 가치가 등가 관계(等價關係)를 유지하는 제도를 말한다. 다시 말해, 통화의 가치를 금의 가치에 연계시키는 화폐 제도로, 19세기 영국을 중심으로 발전했다.

금은 역사적으로 가장 중요한 화폐 수단이었다. 금은 휴대하기가 쉬워 물건 값을 지불하기 좋았으며, 그 자체만으로도 가치를 지니고 있기 때문이다. 모든 국가의 통화는 제1차 세계대전 발발 이전까지 일정량의 금에 고정돼 있었고, 모든 국가들의 통화는 금을 기준으로 가격이 매겨졌다. 이 제도는 2008년 미국발 금융위기 이후 달러의 신뢰도가 급격히 떨어지면서 다시 주목을 받았다.

금본위제도는 금이 화폐와 어떻게 교환되는지에 따라 '금화본위제', '금지본위제', '금환본위제'로 나뉜다. '금화본위제'는 제1차 세계대전 이전까지 영국을 중심으로 운영되던 금본위제로, 금화의 자유로운 주조와 금 수출입의 자유가 인정되는 가장 원시적인 형태다.

'금지본위제'는 금의 자유로운 주조를 인정하지 않고 화폐 발행 기관이 일정 가격으로 금을 매입·매각할 의무를 가짐으로써 금과 지폐와의 관계를 유지하는 형태다.

'금환본위제'는 한 국가의 통화를 다른 국가에서 발행한 환어음과 바꾸는 형태다. 이때 환어음은 자국 통화를 일정 환율로 금과 바꿀 수 있는 나라에서 발행하기 때문에 각국은 이 나라(금본위국)를 통해 화폐 단위와 금의 등가 관계를 유지할 수 있다.

# 052

# 금산분리

金産分離

금융 자본과 산업 자본이 상대 업종을 소유·지배하는 것을 금지하는 원칙을 말한다. 다시 말해, 기업이 은행이나 증권, 보험 등 금융 자본을 소유하는 것을 금지한 제도다. 이를 제도화한 이유는 금융 자본과 산업 자본 간 상호 지배와 결합을 무제한 허용하면 국민 경제가 불안정해질 수 있기 때문이다.

금산분리 제도하에서는 기업이 은행의 주식을 일정 한도 이상 보유하거나 은행 등과 같은 금융 회사가 기업의 주식을 일정 한도 이상 보유하는 것이 금지된다. 금융과 산업이 결합될 경우에 나타날 수 있는 문제는 다음과 같다.

① 공정한 경쟁을 저해할 수 있다. 기업 집단의 계열 은행이 자금 조달 창구 역할을 하면서 경쟁사보다 유리한 대출 조건과 완화된 대출 심사 기준 등을 적용해 계열 기업을 지원할 경우,

경쟁력 우위를 확보할 수 있고, 다른 경쟁 기업은 경쟁에서 도 태될 수 있다.

② 산업 자본 계열의 금융 회사가 계열 기업을 위해 보유 자산을 운용함으로써 지배 대주주와 소액 주주, 고객 간의 이해가 상 충되는 문제가 발생할 수 있다.

③ 산업 자본이 금융 자본을 소유하면 기업 집단의 관련 계열사 가 부실해지더라도 계속 자금을 지원할 가능성이 크고, 이로 인해 계열 금융 회사도 함께 부실해질 뿐 아니라 그 파급 효 과가 경제 전반에 미칠 수 있다.

④ 금융 회사는 다양한 기업과 관계를 맺으면서 해당 기업의 정 보를 보유하고 있는데, 기업이 금융 회사를 소유하면 정보의 독점이 초래하는 문제가 발생할 수 있다.

금산분리와 관련해서는 지지하는 측과 규제 완화를 주장하는 측의 의견 대립이 첨예하게 대립되고 있다. 지지하는 측에서는 재 벌들이 계열 금융 기업을 사금고화함으로써 자기자본이 아닌 고객 돈으로 계열사를 지원하거나 경영권을 방어하는 데 동원할 가능성 이 크다고 주장하고 있고, 규제 완화를 주장하는 측에서는 외국계 자본에게 국내 금융 자본을 빼앗길 뿐 아니라 금융과 산업의 경쟁 력, 더 나아가 국가 경쟁력을 해친다고 주장하고 있다.

# 053

# 기업 내 최고 책임자 용어 이해

① CEO(Chief Executive Officer)

최고 의사결정권자를 말한다. 기업에서 총체적인 경영을 책임지는 사람으로, 보통 대표이사와 같은 뜻으로 쓰인다. 원래는 최고 지휘관을 뜻하는 군사 용어였지만, 현재는 기업에서 최고 의사결정권자를 의미하는 용어로 사용되고 있다.

② CFO(Chief Financial Officer)

최고 재무 책임자를 말한다. 기업의 경리·자금·원가·심사 등과 같은 조직을 하나로 통합해 이를 총괄하는 사람을 의미한다.

③ COO(Chief Operating Officer)

최고 업무 책임자를 말한다. 회장의 정책 방침 밑에서 일상 업무를 원활하게 추진하기 위한 결정을 행한다. 기업에 따라 최고 집행 책임자·업무 최고 책임자·최고 운영 책임자 등으로 쓰이기도 한다.

④ CTO(Chief Technology Officer)

최고 기술 책임자를 말한다. 기업 내 기술을 효과적으로 획득·관리·활용하기 위한 모든 경영 지원 활동을 총괄하는 책임자를 의미한다. 또한 기술적인 측면에서 유용한 정보를 CEO에게 제공한다.

⑤ CMO(Chief Marketing Officer)

최고 마케팅 책임자를 말한다. 기업의 마케팅과 관련된 최고의 자리에 있는 사람으로, 마케팅 전반을 총괄한다.

⑥ CHO(Chief Human Resource Officer)

최고 인사 책임자를 말한다. 기업의 인재를 발굴·육성·배치하고 이를 지속적으로 관리·총괄하는 사람을 말한다.

⑦ CSO(Chief Security Officer)

최고 보안 책임자를 말한다. 기업의 기밀이나 보안을 총괄하는 사람을 의미한다.

# 기회비용/매몰비용
## opportunity cost/sunk cost

어떤 선택으로 인해 포기된 기회들 중 가장 큰 가치를 갖는 기회 또는 그러한 기회가 갖는 가치를 말한다. 이 용어는 1914년 오스트리아 경제학자 프리드리히 폰 비저가 그의 책 『사회 경제 이론 (Theorie der gesellschaftlichen Wirtschaft)』에서 처음으로 사용했다.

인간은 시간, 돈, 능력 등 주어진 자원이 제한적인 상황에서 모든 기회를 한꺼번에 선택할 수는 없다. 어떤 기회의 선택은 곧 나머지 기회에 대한 포기를 의미한다. 기회비용(보이지 않는 비용)이 선택으로 인해 포기한 기회 또는 그러한 기회의 최대 가치를 말한다면, 매몰비용은 어떤 선택을 위해 실제로 지불된 비용(보이는 비용) 가운데 다시 회수할 수 없는 비용을 말한다. 예를 들어, 음악회가 시작한 후에는 공연장의 입장 여부와 관계없이 이미 지불된 입장료를 되돌려받을 수 없을 경우, 입장료는 매몰비용이 된다.

# 다우지수/나스닥지수
## dow index/NASDAQ index

다우지수는 미국의 다우존스 사가 가장 신용 있고 안정된 주식 30개를 표본으로 시장 가격을 평균 산출하는 세계적인 주가지수를 말한다. 이 지수는 우량한 30개 기업의 주식 종목으로 구성돼 있기 때문에 많은 기업의 가치를 대표할 수 있는지에 대한 의문이 제기되고 있다.

또한 시가총액이 아닌 주가 평균 방식으로 계산되기 때문에 지수가 왜곡될 수 있다는 문제점도 갖고 있다. 하지만 미국 증권 시장의 동향과 시세를 알 수 있는 대표적인 주가지수기 때문에 많은 나라가 다우지수에 주목하고 있다.

나스닥지수는 중소기업이나 벤처 기업의 주식을 장외에서 거래하는 나스닥시장의 종합주가지수를 말한다. 나스닥은 미국의 장외 주식시장으로, 1971년 2월에 첫 거래를 시작했으며, 세계 각국에서 장외 주식시장의 모델이 되고 있는 미국의 주식시장이다. 미국뿐 아니라 전 세계 벤처 기업들이 자금 조달 활동의 기반을 나스닥시장에 두고 있다. 빌 게이츠의 마이크로소프트, 반도체의 인텔, 매킨토시 컴퓨터의 애플 등이 나스닥시장에 등록돼 있기도 하다.

나스닥은 다우 지수에 비해 상장종목 전체를 대상으로 만들어지기 때문에 시장 전체 흐름을 쉽게 볼 수 있다는 장점이 있다. 하지만 시가총액식 주가지수기 때문에 대형주 시세의 영향을 받을수밖에 없다. 주가지수가 대형주 시세를 따라 움직이면 중소형주 투자자가 느끼는 증시 흐름과 괴리감이 생기기 마련이다.

다우지수나 나스닥지수 모두 미국의 주가지수지만, 우리나라와도 밀접하게 관련돼 있다. 두 가지 모두 미국의 경제를 반영하는 지수기 때문에 국내에 미치는 영향도 무시할 수 없기 때문이다.

주식이 거래소에서 매매되면 발행 회사의 경제적 가치가 높아져 증자가 쉬워지는 등의 이점이 생긴다. 그렇지만 거래소는 상장되는 기업들의 공신력을 높이기 위해 좋은 기업만을 골라 상장하려고 하기 때문에 상장 심사 기준을 통해 선별한다. 이에 비해 나스닥은 갓 설립된 기업에도 문호를 개방해 벤처기업들이 주식시장을 통해 자금을 조달하기 쉽도록 했다. 나스닥지수는 다우존스지수, S&P500과 더불어 뉴욕 증시의 3대 주가지수에 속한다.

알아두면 쓸 데 있는 **3분 생활 경제 상식**

# 056

# 닥터 둠
## Dr. Doom

경제를 비관적으로 전망하는 사람들을 말한다. 여기서 '둠 (Doom)'은 죽음, 파멸을 뜻하는 단어로, 미국의 투자 전략가 마크 파버가 1987년 뉴욕 증시의 대폭락을 예고하면서 처음으로 사용했다. 이후 이 용어는 국제 금융계에서 경제 전망을 부정적으로 예견하는 사람을 이르는 말로 쓰이고 있다.

대표적인 경제비관론자로는 마크 파버, 누리엘 루비니(미국 뉴욕대 교수)를 들 수 있다. 마크 파버는 1987년 뉴욕 증시의 '블랙먼데이[2]'를 앞두고 대폭락을 정확히 예측하면서 주목을 받았다. 1990년 그는 자신의 이름을 딴 '마크 파버 리미티드'라는 펀드 운용 및 투자 자문 회사를 차린 후 2001년부터 금에 투자하라고 권해 주목을 끌었으며, 글로벌 금융위기가 발생하기 전인 2007년부터 전

---

2) 1987년 10월 19일 뉴욕 월스트리트에서 하루만에 주가가 22.6%나 빠져 전 세계를 경악시킨 사건을 말한다. 미국 증시 역사상 전무후무한 기록을 세웠던 날로, 그날이 월요일이었기 때문에 '블랙 먼데이'라는 이름이 붙었다.

세계 증시의 거품이 꺼질 것이라고 경고하기도 했다.

　그는 최근 "내 생애 더 막대한 금융위기 온다"라며 미국 증시의 폭락 가능성을 경고한 바 있다. 또 다른 닥터 둠으로는 뉴욕대 경영대학원 교수이자 경제컨설팅 회사 루비니글로벌이코노믹스 회장인 누리엘 루비니를 들 수 있다.

　알아두면 쓸 데 있는 **3분 생활 경제 상식**

# 057

# 더블딥
## double dip

두 번이라는 뜻을 가진 'double'과 '급강하하다'라는 뜻을 가진 'dip'의 합성어로, 경제가 불황으로부터 벗어나 짧은 기간 동안 성장한 후, 얼마 지나지 않아 다시 불황에 빠지는 현상을 말한다. 경기의 진행 모습이 알파벳 W자를 닮았다고 해서 'W자형 불황(W-shaped recession)'이라고도 한다. 우리말로는 이중 침체, 이중 하락 등으로 번역되기도 한다.

이러한 현상의 원인은 경기 침체기의 후반에 실업의 누적으로 소득이 감소하면서 소비가 생산을 뒷받침하지 못하게 됨으로써 생긴 불황 때문이다. 미국 경제가 이와 같은 현상을 겪은 후, 2001년 미국 모건스탠리 증권의 스테판 로치가 이 표현을 사용하면서 다시 주목을 받았다.

경기가 침체되면 정부는 금리를 낮추는 등의 완화 정책을 펴게 되는데, 이로써 유동성이 증가돼 경기가 활성화되지만 물가는 오르고 거품이 생기는 부작용이 나타난다. 경기 회복의 조짐이 보이면 정부는 국가의 재정 지출을 축소하고 세수를 늘리는 등의 통화 긴축 정책을 펴게 되는데, 이때 총수요와 소비가 줄면서 다시 침체로 빠지는 것이다. 그러나 더블딥을 우려해 긴축 정책을 쓰지 않으면 스테그플레이션(경기 침체+물가 상승)을 초래할 수 있다.

이러한 현상이 일어나는 원인은 다음과 같다.

① 근본적인 소비 침체 경기 침체기에는 기업들이 생산량을 늘려 총공급이 증가하면서 단기적으로는 경기가 회복세를 보이는 듯하지만, 실제로는 침체돼 있는 국민 경제와 소비가 회복되지 않기 때문에 다시 경기가 하락세를 보이기도 한다.

② 정부 지출 확대로 인한 재정 적자 경기가 하락세를 멈추지 않을 경우, 정부는 경기를 회복시키기 위해 재정 지출을 늘리는데, 소비가 충분히 늘어나지 않으면, 늘어난 지출 때문에 재정 적자가 발생해 경기 하락세가 지속되기도 한다.

③ 경기 침체를 벗어나기 위해 펼친 확장 정책에 따른 과도한 자금 공급이 유발할 수 있는 인플레이션을 막고자 풀렸던 자금을 다시 회수하는 전략을 너무 일찍 사용하면 경기가 본격적인 회복 국면을 맞기도 전에 자금이 회수돼 다시 경기가 침체될 수 있다.

# 데이터스모그
## data smog

정보 과잉·정보 공해를 뜻하는 말로, 인터넷의 급속한 발달로 쏟아져 나오는 많은 정보 중 필요 없는 쓰레기 정보나 허위 정보들이 마치 대기오염의 주범인 스모그처럼 가상 공간을 어지럽힌다는 뜻으로 사용한다. 이 용어는 1997년 미국의 데이비드 솅크(David Shenk)가 출간한 『데이터스모그』라는 책 제목에서 유래했다.

그는 이 책에서 정보 사회의 새로운 스모그인 데이터스모그를 비판적인 시각으로 분석했다. 그에 따르면 정보화의 홍수 속에 살아가는 현대인들은 정보 기술의 발달 속도에 발맞춰야 한다는 '강박증'에 시달리고 있으며, 잠시라도 인터넷에서 멀어지면 정보에 뒤처진다는 불안 속에 살고 있다. 따라서 현대인들은 이러한 정보 과다로 인해 극심한 정보 피로 증후군에 시달리고 있으며, 정보 범람 시대에서 생존하려면 유용한 정보를 선별하는 능력이 필요하다고 주장했다.

# 리디노미네이션
### redenomination

한 나라에서 통용되는 통화의 액면을 동일한 비율의 낮은 숫자로 변경하는 것을 말한다. 이는 경제 규모의 확대 등으로 거래 가격이 높아짐에 따라 숫자의 자릿수가 늘어나면서 발생하는 계산상의 불편을 해결하기 위해 도입됐다. 여기서 디노미네이션(denomination)은 화폐 단위의 호칭을 일컫는다.

리디노미네이션은 기본적으로 인플레이션의 진전에 따라 화폐적으로 표현하는 숫자가 많아짐으로 인해 초래되는 국민들의 계산, 지급상의 불편을 해소할 목적으로 실시된다.

리디노미네이션의 장점으로는 국민들의 일상 거래상의 편의 제고 및 인플레이션 기대심리 억제, 지하 자금을 양성화, 대금 결제 용이, 회계 장부의 기장 처리 간편화, 자국 통화의 대외적 위상 제고 등을 들 수 있다.

반면, 단점으로는 ATM기 변경에 따른 막대한 비용 발생, 검은 돈의 유통 확산 소지, 절상 등에 의한 물가 상승, 국민 불안 심리를 초래할 가능성, 화폐 단위 변경으로 인한 불안정과 새로운 화폐의 제조에 따른 화폐 제조 비용, 신구 화폐의 교환 및 컴퓨터 시스템 등의 교체 등과 같이 수반되는 비용이 많다는 것을 들 수 있다. 이론적으로는 소득이나 물가 등 국민경제의 실질변수에 영향을 미치지 않지만, 체감지수의 변화가 나타나기 때문에 현실적으로는 물가 변동 등과 같은 실질변수에 영향을 미칠 수도 있다.

우리나라에서는 1953년 2월 및 1962년 6월 신구 화폐의 환가비율(換價比率)을 각기 100대1과 10대1로 리디노미네이션한 예가 있다. 일부 선진국의 경우에는 경제의 안정적 성장 기반 위에 자국 통화의 대외적 위상을 제고할 목적으로 리디노미네이션을 실시하고 있으며, 과거 중남미 일부 국가에서는 자국 통화의 대외적 위상을 높일 목적으로 리디노미네이션을 시행한 적이 있다.

# 060

# 리플레이션
reflation

경제가 디플레이션에서는 일단 벗어났지만, 인플레이션 상태까지는 도달하지 않을 정도로 통화를 재팽창시키는 것을 말한다. 다시 말해, 디플레이션을 벗어나 물가가 어느 정도 오르는 상태를 만드는 것을 일컫는다. 경기 불황으로 생산이나 이윤이 저하돼 실업이 증가하는 경우, 인플레이션은 피하면서 금리인하나 재정 지출의 확대 등을 통해 경기를 자극함으로써 경기를 회복시키는 것을 '리플레이션 정책'이라고 한다. 리플레이션의 필요성은 1930년 초에 처음으로 제기됐으며, 1930년대 대공황을 극복하기 위한 주요 자본주의국가의 경제 정책으로 실시됐다.

리플레이션하에서는 인플레이션을 일으키지 않을 정도의 수준으로 재정·금융을 확대하면서 경기의 회복·확대를 도모한다. 리플레이션의 목적은 한편으로는 인플레이션을 극복하면서 다른 한편으로는 경기 회복을 도모하는 데 있다. 리플레이션의 주요 수단으로는 재정의 확대, 금융 완화 정책 등이 사용된다. 리플레이션의 가장 대표적이 예로는 뉴딜 정책을 들 수 있다.

---

**참고 뉴딜 정책**

실업자에게 일자리를 만들어주고, 경제 구조와 관행을 개혁해 대공황으로 침체된 경제를 되살리기 위해 프랭클린 루스벨트 미국 제32대 대통령이 1933년~1936년에 추진하기 시작한 경제 정책이다.

이 정책은 미국 정치와 정책의 중대한 변화로서 경제와 화폐 공급, 물가, 농업 생산량에 대한 연방 정부의 통제와 간섭이 증가했으며, 노동 조합 활동을 더 넓게 보장했고, 복합적인 사회 정책이 시행됐다.

---

# 061

# 마르크스 경제학
## Marxist economics

카를 마르크스가 『자본론(資本論)』을 중심으로 주창하고, 이후 카우츠키, 레닌 등 의해 계승·발전된 경제학을 말한다. 마르크스는 사회주의하에서는 생산 수단이 사회화되고 착취가 폐지되며, 전 국민 경제가 계획화되고, 노동 생산물의 상품 형태가 폐지돼 노동에 따라 분배된다고 주장했다. 또한 사회주의의 물질적 토대는 대규모의 기계제 공업이며, 소상품 생산자는 협동 조합화에 따라 사회주의로 이행한다고 주장했다.

마르크스는 자본주의가 많은 단점을 갖고 있으며, 결국 붕괴되고 공산주의가 건설될 것이라고 믿었다. 마르크스의 경제학 연구의 목적은 자본주의 사회의 경제적 운동 법칙을 밝힘으로써 자본주의 모순을 과학적으로 증명하는 데에 있었다. 마르크스 이전의 사회주의자들이 자신들의 주장을 도덕적 감정을 갖고 설명한 것과는 대조적으로 마르크스는 자본주의의 필연적 붕괴 과정을 변증법을 이용해 설명했다. 그는 자신의 경제학을 체계화하기 위해 노동 가치설을 원리로 삼고, 잉여 가치론을 분석 장치로 삼아 자본주의 붕괴의 원인을 증명하고자 노력했다. 하지만 마르크스는 19세기의 자본주의 경제를 분석하는 데 있어 산업혁명 이전의 단계, 즉 농업과 수공업이 주요 생산 방법이었던 시대에 존재했던 노동가치설을 산업혁명 이후의 단계에 적용하는 우를 범했다.

# 062

# 모라토리움/디폴트
**moratorium/default**

라틴어로 '지체하다'란 뜻의 'morari'에서 파생된 말로, 전쟁·천재(天災)·공황 등으로 인해 국내 경제 상황이 어려워져 채무 이행이 어려워지게 된 경우, 국가의 공권력에 의해 일정 기간 동안 채무의 이행을 연기 또는 유예하는 일을 말한다. 쉽게 말해, 통상적으로 외채를 지불할 수 없는 상황을 맞은 국가가 상환 의사는 있지만 일시적으로 채무 상환을 연기하는 방침을 대외적으로 알리는 것을 말한다.

모라토리움은 전쟁·폭동·천재 등으로 신용 기구의 전면적 붕괴가 나타나거나 짧은 기간에 외채 상환 요구가 급증해 더 이상 외채 상환 부담을 감당할 수 없을 때 취하는 응급조치라고 할 수 있다.

모라토리움은 외채 원리금의 상환 만기일이 도래했음에도 이를 갚지 못하는 지급 거부(repudiation)와는 차이가 있다. 지급 거절은 국가의 부도(default) 상태, 모라토리움은 일시적으로 채무 상환을 유예하는 것을 말한다. 하지만 단기적으로 볼 때는 모두 지불 능력이 없다는 것을 의미하므로 사실상의 국가 부도를 뜻한다.

모라토리움이 선언되면 외채 상환을 유예받는 대신 국제 금융 시장에서 신용 불량 국가로 낙인찍히게 되고, 해당 기간 동안 마이너스 성장이 불가피해지며, 물가가 급등하는 스태그플레이션 현상이 나타나기도 한다. 또한 통화 가치가 급락하고, 실물 경제도 심각한 타격을 입으며, 국가 신인도(信認度)에도 부정적인 영향을 미친다. 우리나라와 같이 대외 의존도가 높은 나라에서 모라토리움이 선언되면 대외 무역이 불가능해지기 때문에 석유 수입 등이 전면 중단돼 심한 타격을 입게 된다.

모라토리움의 대표적인 예로는 1931년 세계공황의 심각화에 대처하기 위해 미국의 대통령 후버가 유럽 제국의 대미전채(對美戰債)에 대해 1년의 지불 유예를 선언한 후버 모라토리움, 제1차 세계대전 후 독일의 배상금 지불과 관련해 선언된 모라토리움, 2009년 11월의 두바이의 모라토리움 선언, 우리나라의 지방자치단체인 성남시의 지불유예 선언을 들 수 있다.

# 063

# 바이플레이션
## Bi-flation

인플레이션(Inflation)과 디플레이션(Deflation)이 동시에 일어나는 경제 현상으로, 믹스플레이션(Mixflation)이라고도 한다. 여기서 '바이(Bi)'란, 두 가지를 뜻하는 영어 접두사다. 이는 피닉스 투자그룹 수석 재무 분석가였던 오스본 브라운 박사가 2003년에 한 말에서 유래했다.

바이플레이션 현상은 다양한 방식으로 나타난다. 국제적으로 살펴보면 중국 등 신흥국에서는 물가 상승 현상이 나타나고, 미국 등 선진국에서는 물가 하락 현상이 나타난다. 국가뿐 아니라 상품, 자산 간에 나타나기도 한다. 공산품 등과 같은 상품 가격은 오르는데, 부동산 등과 같은 자산 가격은 하락하는 경우, 수도권에서 주택 가격 하락, 거래량 감소와 같은 디플레이션 현상이 나타나고, 비수도권에서 가격 상승, 거래량 증가와 같은 인플레이션 현상이 동시에 나타나는 경우도 바이플레이션에 해당한다.

하지만 바이플레이션과 스태그플레이션은 구분해야 한다. 스태그플레이션은 침체와 물가 상승의 합성어로, 경기가 살아나지 않으면 물가도 떨어져야 하는데, 물가는 오히려 올라 국민들이 이중고를 겪게 된다. 다시 말해, 스태그플레이션이 전반적인 물가 상승에도 경제가 살아나지 않는 것을 뜻한다면, 바이플레이션은 지역별, 자산별, 제품별로 물가의 상승과 하락 현상이 공존하는 것을 뜻한다.

# 064

# 뱅크런
**bank run**

은행이 기업에 대출해준 돈을 돌려받지 못하거나 주식 등과 같은 투자 행위에서 손실을 입은 경우에 은행에 돈을 맡긴 예금주들이 한꺼번에 돈을 찾아가는 대규모 예금 인출 사태를 의미한다. 이와 같은 현상은 파산의 위험이 높은 부실 은행에게서 파산 후에 돈을 받지 못할 위험을 없애기 위해 자신의 돈을 확보하고자 하는 예금주들의 태도에서 비롯된다.

뱅크런이 발생하면 많은 사람이 한꺼번에 몰리게 돼 은행에서는 당장 돌려줄 돈이 바닥나는 패닉 현상을 경험하게 된다. 뱅크런은 은행으로 하여금 돈을 빌렸던 기업 혹은 개인에게 상환을 촉구하는 효과도 가져와 기업과 개인에게 부정적인 영향을 미친다. 또한 국가 경제 상황의 악화, 경제 공황의 발생 등으로 이어질 수 있다.

뱅크런의 가장 큰 특징은 전염성이 강하다는 것이다. 예를 들어, 어떤 은행이 경영 악화로 예금을 돌려주지 못하는 상황이라는 소문이 돌면, 이 은행에 돈을 맡긴 예금자뿐 아니라 다른 은행에 돈을 맡겨둔 예금자들도 예금을 인출하고자 한다. 이렇게 사람들의 불안 심리가 증폭되면 재무가 건전한 다른 은행들까지도 뱅크런에 직면하게 되고, 결국 경제는 공황 상태에 빠지게 된다.

예금보험공사는 뱅크런으로 인한 은행의 위기를 막기 위해 은행이 파산하더라도 5,000만 원까지는 보호를 해주는 예금자보호법을 시행하고 있다. '예금자 보호법'이란 예금주들에게 은행이 파산해 자신의 돈을 돌려받지 못하더라도 5,000만 원 내에서는 보장해주는 제도다.

한편, 펀드 투자자들이 펀드에 투자한 돈을 회수하는 사태가 잇따르는 현상을 뱅크런에 빗대어 '펀드런(fund run)'이라 하고, 투자자들이 앞다퉈 채권을 매도하는 현상을 '본드런(bond run)'이라 한다.

# 베블린 효과
## veblen effect

가격이 오를수록 수요가 줄어들지 않고, 오히려 증가하는 현상을 말한다. 미국의 경제학자 베블린(Thorstein Veblen)이 자신의 저서 『유한 계급론』에서 "상층 계급의 소비는 사회적 지위를 과시하기 위해 자각 없이 행해진다"라고 지적한 데서 유래했다.

그는 이 책을 통해 황금만능주의 사회에서 재산의 많고 적음이 성공을 가늠하는 척도가 되는 현실을 비판하면서 부유한 사람들이 자신의 성공을 과시하기 위해 사치를 일삼고 가난한 사람들은 그들대로 이를 모방하려고 하는 세태를 설명하기 위해 이 용어를 사용했다.

베블린 효과의 대표적인 예로는 아무리 경제가 불황이라도 명품백은 날개 돋힌 듯 팔리는 현상을 들 수 있다. 이 효과는 소비 양극화를 심화시키고, 저소득층의 상대적 박탈감을 확대시켜 계층 간 갈등을 야기하고 사회 통합을 저해한다.

# 분식회계

分飾會計

'분식(粉飾)'의 사전적 의미는 '실제보다 좋게 보이도록 거짓으로 꾸미는 것'으로, '분식결산(粉飾決算)'이라고도 한다. 분식회계란, 회사의 장부를 회사의 실적을 좋게 보이도록 조작하는 것을 말한다. 가공의 매출을 기록하거나 비용을 적게 계상하거나 누락시키는 행위, 관계 회사를 통한 매출액을 이중으로 계상하거나 위장 계열사의 거래 내역을 조작하는 행위 등 기업의 경영자가 결산 재무제표상의 수치를 의도적으로 왜곡시키는 것이 이에 해당한다. 이밖의 분식회계 사례는 다음과 같다.

① 재고 자산을 실제보다 부풀린다.
② 외상 판매 기록을 가짜로 만들어 매출액을 늘린다.
③ 자산 가치를 실제보다 높게 평가한다.
④ 받지 못하게 된 외상 매출금을 결손 처리하지 않는다.
⑤ 올해의 비용을 다음 해로 넘긴다.

⑥ 기계 장치 등과 같은 고정 자산에 대한 감가상각비를 적게 계상한다.

⑦ 임시로 들어온 자금이나 선수금을 매출액으로 잡는다.

⑧ 단기 채무를 장기 채무로 표시한다.

⑨ 있지도 않은 외상 미수금을 만들어 영업 수익을 늘린다.

경영 성과, 재무 상태 등과 같은 기업의 정보는 주로 그 기업이 작성하는 회계 장부를 통해 외부 투자자 등에 제공되는데, 기업들은 이를 분식함으로써 좋은 평가를 받고자 노력한다. 분식 회계는 불황기에 회사의 신용도를 높여 주가를 유지시키고 자금 조달을 쉽게 할 수 있지만, 주주, 하도급 업체, 채권자 등에게는 부정적인 영향을 미칠 수 있다. 따라서 회사는 분식 회계를 감시할 감사를 둬야 하며, 외부 감사인인 공인회계사로부터 회계 감사를 받아야 한다. 분식 회계를 제대로 적발하지 못한 회계 법인은 영업 정지나 설립 인가 취소 결정을 받을 수 있으며, 투자자나 채권자가 분식 결산된 재무제표를 보고 투자해 손해를 입었을 경우에는 손해 배상을 청구할 수도 있다.

# 브렉시트
**Brexit**

'영국(Britain)'과 '탈퇴(Exit)'의 합성어로, 영국의 유럽연합(EU) 탈퇴를 말한다. 이는 그리스의 유로존(유로화 사용 19개국) 탈퇴를 일컫는 '그렉시트(Grexit)'에서 유래했다.

2008년 글로벌 경제위기로 촉발된 유럽 재정 위기로 EU의 재정 악화가 심화되자 영국이 내야 할 EU 분담금 부담이 커졌고, 이에 영국 보수당을 중심으로 EU 잔류 반대 움직임이 일었다. 설상가상 으로 이민자가 크게 증가하고, 2015년 말 시리아 등으로부터 난민 이 계속 유입되자 EU 탈퇴를 요구하는 움직임이 가속화되기에 이 르렀다. 이와 같은 상황에서 EU는 2016년 2월 영국이 EU 잔류를 위해 제시했던 요구 조건, 즉 영국 의회의 자주권 강화, EU 규제에 대한 영국의 선택권 부여, 이민자 복지 혜택 제한, 비유로존 국가의 유로존 시장 접근 보장 등을 수용했다. 이에 캐머런 총리는 2016년 6월 23일 브렉시트 찬반 국민투표 실시를 공식 발표하면서 "영국의 미래를 위해 EU 잔류에 투표해줄 것"을 국민들에게 호소했다.

하지만 2016년 6월 23일(현지 시간)에 영국에서 진행된 브렉시트 찬반 국민투표에서 투표에 참여한 영국 국민 3,355만 명의 51.9%인 1,742만 명이 브렉시트에 찬성함으로써 반대(48.1%)를 3.8%포인트 차이로 이김에 따라 영국의 브렉시트가 결정됐다. 영국의 EU 탈퇴는 1973년 EU의 전신인 유럽경제공동체(EEC)에 가입한 지 43년 만에 이뤄진 것이다.

영국이 국민투표에서 브렉시트를 선택한 지 9개월 후 테리사 메이 영국 총리가 2017년 3월 28일(현지 시간) EU 탈퇴를 선언하는 서한에 서명하고, 이 서한이 29일 EU 정상회의 상임의장 도날트 투스크 EU 정상회의 상임의장에게 전달되면서 브렉시트 절차가 공식 개시됐다.

2017년 12월 8일에는 테리사 메이 영국 총리와 장클로드 융커 EU 집행위원장이 벨기에 브뤼셀에 위치한 EU 집행위에서 1단계 협상을 타결했다. 양측은 EU 회원국 아일랜드와 영국령 북아일랜드 간 국경 통과 규정은 기존과 유사한 열린 국경을 유지하기로 했으며, 영국에 거주하는 EU 시민과 EU 국가에 거주하는 영국 국민의 EU 시민권 문제는 기존의 법적 지위 대부분을 유지하기로 했다. 양측의 최대 쟁점이었던 EU 재정에 대한 영국의 기여금 규모는 언급되지 않았다.

브렉시트는 총 2단계의 협상으로 진행되는데, 1단계에서는 브렉

알아두면 쓸 데 있는 **3분 생활 경제 상식**

시트 위자료 납부, 아일랜드 국경 문제, 영국 내의 EU 시민권 문제 등을 협상하고 2단계에서는 무역 등과 같은 구체적인 경제 현안 등을 협상한다.

브렉시트는 2년 후인 2019년 3월까지 영국 의회와 유럽 의회의 동의와 EU 정상회의의 승인을 받아야 한다. 협정은 유럽연합 정상회의 국가 중 다수결(역내 인구의 65% 이상 찬성하고, 27개국 중 16개국이 찬성)로 체결되며, 이어 27개 개별 회원국 의회의 동의 절차를 거쳐야 한다. 만약, 영국과 EU가 협상 기간 연장에 합의하지 않은 상태로 2년 내 합의안을 마련하지 못하면 영국은 2019년 3월 29일 자동으로 EU를 탈퇴하게 된다.

# 068

# 블록체인
## block chain

2008년 10월 31일 사토시 나카모토라는 사람이 암호화 기술 커뮤니티에 「비트코인: P2P 전자 화폐 시스템」이라는 논문을 올려 "비트코인은 전적으로 거래 당사자 사이에서만 오가는 전자화폐며, P2P 네트워크를 이용하면 이중 지불을 막을 수 있다"라고 주장했다. 그리고 2009년 1월 3일에 자신이 주장했던 기술을 비트코인이라는 가상화폐로 직접 구현했다.

블록체인은 '블록'이라고 하는 소규모의 데이터들이 P2P 방식을 기반으로 생성된 체인 형태의 분산 데이터 저장 환경에 저장돼 임의로 수정할 수 없고, 누구나 변경 결과를 열람할 수 있는, 분산 컴퓨팅 기술 기반의 데이터 위·변조 방지 기술을 말한다. 다시 말해, 온라인 금융 거래를 할 때 해킹의 피해를 막는 보안 기술로, 비트코인과 같은 가상 디지털 화폐의 거래에 참여하는 사람들이 온라인상에서 같은 장부를 보관하고 기록하는 분산형 데이터 운영 시스템이다. 이 거래의 기록은 의무며, 블록체인 소프트웨어를 실행하는 컴퓨터상에서 운영된다.

비트코인을 비롯한 대부분의 암호 화폐들은 형태에 기반을 두고 있다. 블록체인은 데이터를 거래할 때 중앙 집중형 서버에 기록을 보관하는 기존 방식과 달리, 거래 참가자 모두에게 내용을 공개하는 개방형 거래 방식을 사용하기 때문에 '공공 거래 장부'라고도 한다.

은행은 고객과 돈을 주고받은 사실을 특정 서버에 기록해 보관하고 있다. 만약 누군가 거래 장부를 보관하는 핵심 서버에 접근한다면 기록을 조작해 돈을 빼돌릴 수도 있다. 하지만 블록체인은 P2P 네트워크로서 별도의 정보 관리자가 없어도 거래 참여자들이 실시간으로 거래 내역을 기록하고 보관하기 때문에 거래·시간 비용이 크게 절약될 뿐만 아니라 해킹도 불가능하다.

'은행 없는 글로벌 금융 시스템'이라고 불리는 가상화폐, 즉 비트코인은 세상에 나타난 지 5년 만에 시가총액으로 세계 100대 화폐 안에 들 정도로 성장했는데, 이 비트코인이 만들어진 것도 블록체인이 있었기 때문이다.

# 069

# 블루슈머
**bluesumer**

경쟁자가 없는 시장을 의미하는 '블루오션(blue ocean)'과 소비자를 뜻하는 '컨슈머(consumer)'의 합성어로, '경쟁자가 없는 시장인 블루오션에 존재하는 소비자'라는 말이다.

이 용어는 1990년대 중반 '블루오션 전략'이라는 기업 경영 전략론에서 유래한 것으로, 아직 개척되지는 않았지만 실제로는 광범위한 성장 잠재력을 갖고 있는 시장을 의미한다. 이미 세상에 널리 알려진 시장에서는 기업들이 시장을 빼앗기 위해 치열한 경쟁이 벌인다는 의미로 '레드오션(Red Ocean)'이라고 한다.

최근 들어 경쟁자가 없거나 경쟁이 치열하지 않은 새로운 시장을 발견해 새로운 수요를 창출하고, 고수익의 기회를 잡으려는 블루오션 전략이 사회적 이슈가 되면서 블루슈머를 찾아내는 일이 기업의 중요한 과제가 됐다.

대한무역투자진흥공사(KOTRA)는 2009년 12월 『2010 블루슈머-미래를 지배할 12가지 골든 마켓』이라는 책을 통해 세계의 블루슈머 시장을 소개했다. 이 책에서 선정한 블루슈머 시장은 골든 싱글족(일본의 초식남, 영국과 대만의 싱글족 등), 새로운 여자(중국과 이슬람 여성, 베트남 신세대 등), 맞벌이부부(홍콩·베트남·말레이시아의 맞벌이부부), 웰빙 트렌드(인도 채식주의자들의 몸짱 열풍, 미국 다이어트 시장 등), 비주류(미국의 히스패닉 등), 실버 세대, 종교·애완동물 시장, 아름다움을 찾는 남성 등이다.

한편, 통계청은 한국의 사회 지표, 경제 활동 인구, 생활 시간 조사 등과 같은 주요 통계 자료를 분석해 2000년대 중반부터 해마다 올해 주목해야 할 블루슈머를 선정해왔다.

통계청이 선정한 '2009 한국의 블루슈머 10'은 ① 백수탈출(취업 및 창업 지원 서비스), ② 똑똑한 지갑족(합리적 소비를 돕는 상품 및 서비스), ③ 나홀로가구(1인 가구를 대상으로 한 싱글 산업 상품과 서비스), ④ 녹색 세대(친환경 및 에너지 절약 상품), ⑤ U-쇼핑 시대(쇼핑몰 창업을 위한 상품과 서비스), ⑥ 내 나라 여행족(여행 관련 상품), ⑦ 자연愛 밥상족(유기농, 친환경 관련 상품 및 서비스), ⑧ 아이를 기다리는 부부(불임 방지 상품과 서비스), ⑨ 거울 보는 남자(남성용 패션 및 메이크업 제품), ⑩ 가려운 아이들(아토피 방지 상품 및 서비스)이다.

# 070

# 블루칩
**blue chip**

오랜 시간에 걸쳐 안정적인 수익 지표를 보여주면서 유동성도 높은 대형 우량 주식을 말한다. 수익성, 안정성, 성장성이 높은 업종 주식이므로 비교적 고가에 거래된다. 주가 수준에 따라 고가우량주, 중견우량주, 품귀우량주 등으로 표현하기도 한다. 카지노에서 사용되는 세 가지 종류의 칩 가운데 가장 가치가 높은 것이 블루칩이라는 것에서 유래했다. 또 미국에서 황소품평회를 할 때 우량 등급으로 판정된 소에게 파란색 천을 둘러주는 관습에서 비롯됐다는 설도 있다. 이후 주식에서 최고의 우량주, 황제주 등을 일컫는 말로 사용되다가 최근에는 무리 중 가장 뛰어난 사람이나 투자 가치가 높은 스타 또는 최고의 상품을 지칭할 때 사용하기도 한다.

우량주는 일반적으로 시가총액이 크고, 성장성·수익성·안정성이 뛰어날 뿐 아니라 각 업종을 대표하는 회사의 주식을 말한다. 우리나라에서는 포스코, 삼성전자 등과 같이 국내 기업을 대표하는 초우량 기업 주식들을 말한다. 블루칩은 대부분 자본금의 규모가 크며, 성장성·수익성·안정성 면에서 한 나라를 대표하는 주식들로 구성된다. 따라서 블루칩은 외국인 투자가 및 국내 기관 투자가들이 특히 선호하는 종목군으로 알려져 있다. 블루칩은 외국인 투자자나 국내 기관 투자자들이 선호하는 종목으로, 대부분 주가도 높다. 시장에 유통되는 주식 수가 많고, 경기가 회복될 때는 수익 개선의 폭이 크기 때문에 기관 투자가들의 집중 매수 대상이 되고 있다.

# 071

# 사이버슬래킹
**cyberslacking**

사이버(cyber)라는 단어와 '느슨한, 해이한'이라는 뜻을 지닌 '슬래킹(slacking)'의 합성어로, 근무 시간의 대부분을 컴퓨터 앞에 앉아 있는 직원들이 '컴퓨터 통신망'을 통해 하루에도 몇 번씩 온라인 쇼핑, 주식 투자, 음란 사이트 등에 접속하는 등 업무를 등한시하는 행위를 통틀어 말한다.

최근 들어 인터넷을 업무용으로 활용하게 되면서부터 인터넷의 인터넷이 오히려 업무 이외의 용도로 이용되는 사례가 급격히 늘어났다. 전문가들은 근로자들이 인터넷을 업무 외적인 용도에 할애함으로써 회사의 생산성을 떨어뜨려 결국 회사의 손실을 초래하고 있다고 지적한다.

사이버슬래킹은 우리나라뿐 아니라 인터넷이 보급된 여러 나라의 공통적인 현상으로, 각 나라에서는 근로자들의 불필요한 인터넷 서핑 방지와 업무의 효율성을 높이기 위해 사이버슬래킹 방지 솔루션을 개발하는 데 노력하고 있다. 그 결과 2000년 이후 사이버슬래킹 사이트 주소를 데이터베이스로 만들어 업무 시간에 접속할 수 없게 하는 솔루션, 직원들의 인터넷 사용 패턴을 분석해 네트워크 자원을 능률적으로 관리해주는 솔루션, 인터넷 사용 현황을 실시간으로 관찰하고 집계할 수 있는 솔루션 등과 같은 다양한 솔루션이 개발됐다.

그 결과, 기업과 공공 기관을 중심으로 특정 웹 사이트 접속을 제한하거나 직원별 네트워크 사용 현황을 분석, 보고서를 작성해주는 소프트웨어를 도입하려는 움직임이 일어나고 있지만, 일각에서는 개인의 사생활 침해라는 지적도 나오고 있다.

# 072

# 산타랠리
**santa rally**

크리스마스 연휴를 기점으로 연말과 신년 초에 주가가 강세를 보이는 현상을 말한다. 해마다 일정한 시기(월별)에 따라 증시의 흐름이 좋아지거나 나빠지는 현상인 '캘린더 효과(calendar effect)' 중 하나로, 보통 연말 장 종료 5일 전부터 이듬해 2일까지를 가리킨다. 크리스마스를 전후해 나타난다는 이유로 '산타'라는 이름이 붙었다. 연말 보너스로 인한 소비 지출의 증가, 기업들의 이윤 증대, 한 해를 마치면서 새해에는 증시가 더 좋아질 것이라는 낙관적 기대감 등이 산타랠리를 유발하는 원인이라 할 수 있다.

미국에서는 해마다 크리스마스를 전후한 연말에 각종 보너스가 집중된다. 또 가족이나 친지들에게 선물을 하기 위해 소비가 증가하면서 내수가 늘어나고, 관련 기업의 매출도 증대된다. 이에 따라 해당 기업의 발전 가능성이 더욱 높아져 그 기업의 주식을 매입하려는 사람들이 늘어나고, 이러한 경향은 결국 증시 전체의 강세 현상으로 이어지는데, 이 현상이 바로 산타랠리다.

산타랠리는 비록 미국에서 생긴 용어지만, 이 현상은 다른 나라에도 그대로 적용된다. 그러나 국제적인 분쟁이나 유가 상승, 장기적인 경기 침체 등 여러 요인에 따라 산타랠리 현상이 일어나지 않는 경우도 있다. 산타랠리에 이어 이듬해 1월, 새해를 맞아 주식 분석가들이 낙관적인 전망을 내놓으면서 주가 상승률이 다른 달에 비해 상대적으로 높게 나타나는 현상을 주식시장에서는 '1월 효과(january effect)'라고 한다.

# 073

# 서머랠리
## summer rally

여름을 뜻하는 '서머(summer)'와 경주를 뜻하는 '랠리(rally)'의 합성어로, 매년 6월에서 7월까지 한 차례 주가가 크게 상승하는 현상을 가리킨다. 펀드 매니저들이 여름휴가를 앞두고 미리 주식을 사놓고 떠나기 때문에 발생한다.

여름휴가가 긴 선진국에서 흔히 나타나는 현상으로, 미국 증시에서는 지난 1964년 이후 여름철마다 주기적으로 나타났다. 이때문에 여름철에 나타나는 주가 상승을 넓은 의미의 '서머랠리'라고 부른다. 외국의 예에서 보면 서머랠리는 주식 상승기에 더욱 잘 나타난다고 알려져 있지만, 반대로 시장이 좋지 않을 때는 주식을 팔고 휴가를 떠나려는 사람 때문에 이와 반대 현상이 일어나는 사례도 종종 발생한다.

한편 주식시장은 불규칙하고 불확실한 움직임을 나타내지만, 이런 불규칙적인 움직임을 벗어나 규칙적인 움직임을 보이는 경우가 있는데 특히 1월 효과, 서머랠리(여름장세), 연말장세 등의 계절적 효과가 대표적이다.

---

**참고 역서머랠리**

서머랠리가 역으로 일어나 주식 시장이 침체에 빠지는 경우를 말한다. 서머랠리와는 반대로 펀드 매니저들이 휴가를 떠나기 전에 주식 시장이 침체될 것으로 예상하고 주식을 대량 매도하면서 나타나는 현상이다.

---

# 074

# 서브프라임 모기지

subprime mortgage

'서브프라임(subprime)'은 '프라임(prime)'의 아래 단계에 있는 비우량 주택담보대출로, 신용 등급이 낮은 저소득층을 대상으로 주택 자금을 빌려주는 미국의 주택 담보 대출 상품을 말한다. 신용도가 낮기 때문에 상대적으로 높은 대출금리가 적용된다.

미국의 주택 담보 대출은 신용 등급에 따라 프라임(prime), 알트 에이(Alt-A), 서브프라임(subprime) 등으로 구분되는데, 서브프라임 모기지는 프라임 모기지에 비해 대출 금리가 2~4%p가량 높고, 신용점수가 620점 이하인 개인에게 적용된다. 만기는 대부분 30년이며, 처음 2년은 고정 이자율이 적용되고 이후에는 일반 금리와 연동되는 '2/28' 상품이 널리 보급됐다. 서브프라임 모기지는 주택을 추가로 구매하려는 투자 수요자들이 많이 이용한다.

모기지 회사는 주택 대출자에게 주택을 담보로 돈을 빌려주고,

이 채권을 다시 금융 회사에 판매해 대출 재원을 마련한다. 모기지 채권을 구매한 금융 회사는 유동화 과정을 거쳐 증권화하고, 이는 투자자들에게 펀드로 판매된다. 모기지 채권이 다양한 펀드로 재구성돼 유통되기 때문에 연체와 채무 불이행이 증가할 경우, 주택 시장뿐 아니라 금융 시장, 자본 시장 등에 많은 영향을 미친다.

---

**참고 서브프라임 모기지 사태**

서브프라임 모지지론(비우량 주택 담보 대출) 사태는 2006년 대규모 서브프라임 모기지론이 주택 시장의 침체로 부실화되면서 시작됐다. 2017년 미국의 2위 모기지 대출업체가 신규 대출 및 환매 중단을 발표하면서 서브프라임 모기지 부실 문제의 심각성을 인식하게 됐고, 미국 5위의 투자 은행이 헤지펀드의 대규모 서브프라임 모기지 관련 투자 손실 여파로 파산할 수 있다는 소식이 전해지면서 금융 시장이 경색되기 시작했다. 급기야 미국의 실물 경제 침체 우려가 높아지면서 서브프라임 모기지 사태는 본격적인 금융 위기로 비화되기에 이르렀다.

# 075

# 서킷 브레이커
## circuit breakers

1987년 10월 미국에서 사상 최악의 주가 대폭락 사태인 블랙먼데이(Black Monday) 이후 주식시장의 붕괴를 막기 위해 처음 도입된 제도로, 영어의 첫글자를 따 'CB'라고도 하며, 주식시장에서 주가가 급등 또는 급락하는 경우, 주식 매매를 일시 정지하는 제도를 말한다. 전기 회로에서 서킷 브레이커가 과열된 회로를 차단하는 역할을 하듯 주식시장에서 주가가 갑자기 급락하는 경우, 시장에 미치는 충격을 완화하기 위해 주식 매매를 일시 정지하는 것으로, '주식 거래 중단 제도'라고도 한다.

우리나라에는 증권 거래소가 하루에 움직일 수 있는 주식의 가격 제한폭이 지난 1998년 12월 종전 상하 12%에서 상하 15%로 확대되면서 손실을 입을 위험이 더 커진 투자자를 보호하기 위해 도입했다. 코스닥 시장에는 2001년 10월 15일 도입됐는데, 현물 주식과 선물옵션의 모든 거래를 중단시키는 현물 서킷 브레이커와 선물 옵션 거래만 중단시키는 선물 서킷브레이크로 구분된다. 현물 서킷 브레이커는 현물 주가가 폭락하는 경우에만 적용되며, 선물 서킷 브레이크는 선물 가격이 급등하거나 급락할 때 모두 적용된다.

2015년 6월 가격 제한폭이 상하 30%로 확대되면서 서킷 브레이커가 3단계로 세분화됐다. 1단계는 최초로 종합 주가 지수가 전일에 비해 8% 이상 하락한 경우에 적용된다. 1단계 발동 시 모든 주식 거래가 20분간 중단되며, 이후 10분간 단일가 매매로 거래가 재개된다. 2단계는 전일에 비해 15% 이상 하락하고 1단계 발동 지수 대비 1% 이상 추가 하락한 경우에 적용된다. 2단계 발동 시 1단계와 마찬가지로 20분간 모든 거래가 중단되며, 이후 10분간 단일가 매매로 거래가 재개된다. 3단계는 전일에 비해 20% 이상 하락하고 2단계 발동 지수 대비 1% 이상 추가 하락한 경우에 적용되며, 적용 시점을 기준으로 모든 주식 거래가 종료된다.

주식시장 개장 5분 후부터 장이 끝나기 40분 전인 오후 2시 50분까지 발동할 수 있으며, 각 단계별로 하루에 한 번만 발동할 수 있다. 다만 3단계 서킷 브레이커는 장이 끝날 때까지 발동할 수 있다.

# 076

# 선물거래/옵션거래
## futures trading/option trading

선물거래는 장래 일정 시점에 미리 정한 가격으로 매매할 것을 현재 시점에서 약정하는 거래로, 미래의 가치를 사고파는 것을 말한다. 선물의 가치가 현물 시장에서 운용되는 기초 자산(채권, 외환, 주식 등)의 가격 변동에 의해 결정되는 파생 상품(derivatives) 거래의 일종이다. 미리 정한 가격으로 매매할 것을 약속한 것이기 때문에 가격 변동 위험이 적다는 특징이 있다. 선물거래는 위험을 분산할 목적으로 출발했지만, 시간이 지나면서 고수익·고위험 투자 상품으로 발전했다. 우리나라도 1996년 5월 주가 지수 선물 시장을 개설한 데 이어 1999년 4월 23일 부산에 선물거래소가 개장됐다.

1848년 미국 시카고에서 세계 최초의 선물거래소인 시카고상품거래소(CBOT, chicago board of trade)가 설립돼, 콩, 밀, 옥수수 등의 주요 농산물에 대한 선물 계약을 거래하기 시작했고, 1960년대 이후 세계 경제 환경이 급변하면서 금융 변수들에 대한 관리 수단의 필요성이 제기됨으로써 1970년대에 이르러 금융 선물이 등장했다. 1972년 미국의 시카고상업거래소(CME, chicago mercantile exchange)에서는 통화 선물이 도입되기도 했다. 그 후 1973년에 개별 주식 옵션, 1976년에 채권 선물 등 각종 선물 관련 금융상품이 개발되기 시작했다.

한편 옵션 거래는 어떤 상품을 일정 기간(유효 기간) 내에 일정한 가격으로 매입 또는 매도할 권리를 매매하는 거래로, 권리를 행사할 수 있는 기간이 현재가 아니라 미래기 때문에 넓은 의미의 선물 거래라고 할 수 있다. 이때 팔 권리를 '풋옵션(put option)'이라고 하고, 살 권리를 '콜옵션(call option)'이라고 하며, 옵션의 매매 가격을 '프리미엄'이라고 한다. 옵션 거래에는 권리 행사 시 현물의 매매가 수반되는 현물 옵션 거래와 권리 행사가 선물 계약의 체결을 의미하는 선물 옵션 거래가 있다.

옵션 거래의 특징은 매매 쌍방 간 위험 부담이 적다는 점을 들 수 있다. 옵션 거래는 투기 목적으로도 사용되기도 한다. 투자자가 어떤 채권의 콜옵션을 매입할 경우, 그는 그 채권의 금리가 하락(채권 가격이 상승)될 것이라는 예상하에 투기를 하는 것이라 볼 수 있다. 옵션의 경우, 만료일은 옵션 매수자가 권리를 행사할 수 있는 마지막 날로, 만료일의 일정 시간(만료 시간)까지 권리를 행사하지 않으면 옵션은 소멸된다. 한편, 주식과 주가 지수의 옵션 만기일은 매월 두 번째 목요일이다.

# 077

# 소비자물가지수

消費者物價指數, CPI, consumer price index

　소비자가 구입하는 상품이나 서비스의 가격 변동을 조사해 지수화한 것을 말한다. 흔히 장바구니 물가[3]라고 부르며, 도매물가지수와 함께 일상생활에 직접 영향을 미치는 물가의 변동 상황을 추적하는 중요한 경제 지표 중 하나다. 우리나라에서는 통계청에서 서울을 포함한 전국 주요 도시에서 매월 460개 상품 및 서비스 품목의 가격을 조사해 산출한 결과를 매월 발표하고 있다.

　하지만 물가지수를 측정한다고 해서 모든 상품의 가격을 조사하는 것은 아니다. 어떤 상품의 가격 변동이 중요한지는 생산자와 소비자의 입장에 따라 다르기 때문이다. 따라서 소비자물가지수는 소비자가 일상생활에 사용하기 위해 구입하는 재화와 서비스(소비재)의 가격 변동을 나타내는 지수라고 규정할 수 있다. 소비자물가지수의 특징은 다음과 같다.

---

3) 시장에서 거래되는 개별 상품의 가격을 경제생활에서 차지하는 중요도 등을 고려해 평균한 종합적인 가격 수준을 말한다.

① 소비자물가지수는 도시 소비자 가구(家口)가 구입하는 상품 및 서비스 가격의 변동을 측정한다. 따라서 소비자물가지수는 일정량의 상품 및 서비스를 경상 가격(經常價格)으로 구입할 수 있는 비용의 변동을 나타낸다.

② 소비자물가지수는 서울을 포함한 전국 주요 도시에서 매월 489개 상품 및 서비스 품목의 가격을 조사해 산출한다.

③ 현행 소비자물가지수는 2005년 도시 가계 조사 결과 중 소비자 지출액을 가중치 자료로 사용한다. 가중치는 '도시의 품목별 가중치'와 '품목의 도시별 가중치'로 구분한다.

④ 항목은 식료품·비주류 음료, 의복·신발, 보건 의료 등 12가지로 세분한다.

# 078

# 스마트머니
## smart money

고수익의 단기 차익을 노리는 기관이나 개인 투자자들이 장세 변화를 신속하게 파악해 투자하는 자금을 말한다. 금융시장에 대한 민감한 정보력과 판단력을 기반으로 고수익을 낼 수 있는 투자 대상을 엄정하게 가려내 일반 투자자들보다 한발 앞서 투자를 한다는 점에서 '스마트머니', 즉 '똑똑한 돈'이라 불린다. 시장의 기류 변화를 가장 먼저 파악하고 반응하는 투자 기관이나 속칭 큰손으로 불리는 개인 투자자들의 투자 자금을 뜻하는 말로, 미국 뉴욕의 월가(Wall Street)에서 유래했다. 중·장기 투자가 아니라 고수익의 단기 차익을 목적으로 빠르게 회전되는 자금이기 때문에 투자 자금이 아닌 일종의 투기성 자금이라 할 수 있다.

스마트머니의 투자 원칙은 만기 불일치 전략[4], 레버리지 투자[5],

---

4) 금리가 낮은 단기 자금시장에서 조달한 자금으로, 금리가 상대적으로 높은 장기 여신을 발행해 예대 마진을 취하는 전략
5) 투자자의 자금을 기반으로 해 상대적으로 낮은 금리로 빌린 차입금을 '지렛대(leverage)'로 삼아 수익성 높은 곳에 투자함으로써 투자 수익률을 극대화하는 투자법

위험 자산 투자 등 세 가지다. 스마트머니는 경제의 흐름이 급변할 때일수록 더 주목을 받는다. 금융위기의 조짐이 보이면 투자 동면기에 들어갔다가 금융위기가 해소될 즈음 투자를 재개하는데, 이때 금융 시장에서 보여주는 스마트머니의 움직임은 일반 투자자들의 선행 지표가 되고, 또 증시에 많은 영향을 미친다. 이로써 스마트머니가 투자 축소에 들어갔다가 다시 행보가 빨라지면 금융위기가 마무리돼간다는 증거라는 인식도 생겨났다. 스마트머니의 대표적인 예로는 사모펀드, 헤지펀드, 벌처펀드 등을 들 수 있다.

# 079

# 스태그플레이션
### stagflation

'스태그네이션(stagnation, 경기 침체)'과 '인플레이션(inflation)'을 합성한 용어로, 경제 불황 속에서 물가상승이 동시에 발생하고 있는 상태를 말한다. 쉽게 말해, 스태그플레이션은 '물가가 상승하는 불황(inflationary recession)'이라고 할 수 있다. 이 표현은 영국의 정치가인 매클러드(Iain Macleod)가 1965년 영국의회의 연설에서 처음 사용한 것으로 알려져 있다.

제2차 세계대전 전까지는 불황기에 물가가 하락하고 호황기에 물가가 상승하는 것이 일반적인 현상이었다. 그러나 최근에는 호황기에는 물론 불황기에도 물가가 계속 상승하는 현상이 나타났다. 예를 들어, 미국에서는 1969~1970년 경기 후퇴가 지속되는데도 소비자물가는 계속 상승했다.

만성적인 물가 상승은 물가 안정을 경제 정책의 첫 번째 목표로

알아두면 쓸 데 있는 **3분 생활 경제 상식**

여겼던 풍조가 후퇴해 지금은 물가 안정보다 경기 안정을 우선시하게 됐다는 점, 주요 산업이 소수의 대기업에 의해 지배되고, 제품의 가격이 수급 상태 등과는 관계없이 고정되는 경향(독과점 가격의 하방경직성)이 강해졌다는 점 등과 밀접한 관련이 있다.

스태그플레이션이 발생하는 주요 원인으로는 물가(특히, 소비자 물가)의 만성적인 상승 경향, 경기 정체기의 소비적인 재정 지출(군사비나 실업 수당 등), 노동조합의 압력으로 인한 명목임금의 지속적인 상승 등을 들 수 있다.

# 080

# 승자의 저주

勝者-詛呪, winner's curse

경쟁에서는 이겼지만, 승리를 위해 과도한 비용을 치름으로써 오히려 위험에 빠지게 되거나 커다란 후유증을 겪는 상황을 뜻하는 말로, '승자의 재앙'이라고도 한다. M&A 또는 법원 경매 등의 공개 입찰 때 치열한 경쟁에서 승리했지만, 이를 위해 지나치게 많은 비용을 지불함으로써 위험에 빠지는 상황을 일컫는다.

이 용어는 카펜(E. C. Carpen), 클랩(R. V. Clapp), 캠벨(W. M. Campbell)이라는 세 명의 엔지니어가 1971년에 발표한 논문에서 처음 언급됐고, 미국의 행동경제학자 리처드 탈러(Richard Thaler)가 1992년에 출간한 『승자의 저주(The Winner's Curse)』라는 책을 통해 널리 알려졌다.

'승자의 저주'라는 용어는 1950년대 미국의 정유업계가 석유 시추권을 놓고 치열하게 경쟁했던 데서 유래했다. 당시 멕시코만 등에 상당한 양의 석유가 매장돼 있을 것이라는 예측이 나오자, 많은 미국 기업이 시추권을 차지하기 위해 치열하게 경쟁했다. 하지만 당시에는 사전에 매장량을 정확하게 측정할 만한 기술이 없었기 때문에 실제 석유 매장량의 가치는 경매에서 낙찰을 받은 기업들이 치른 비용에 미치지 못했다. 결국 많은 정유 기업이 경매에서 승리하고도 큰 손해를 보는 일이 발생했고, 나중에 이를 '승자의 저주'라고 부르게 된 것이다.

이와 같은 사례는 경매 시장뿐 아니라 기업의 M&A 과정에서도 발생한다. 기업들은 기존의 사업이 이익을 내는 데 한계에 부딪히거나 새로운 성장 동력을 확보할 필요가 있을 때 다른 기업들에 대한 M&A에 나선다. 하지만 M&A가 기업 성장의 발목을 잡는 사례가 의외로 많다. 미국에서는 M&A를 한 기업의 70%가 실패한다는 통계가 있을 정도로 '승자의 저주'는 흔히 일어나고 있다.

# 081

# 신용화폐
### 信用貨幣, credit money

국가 경제의 신용에 따라 가치가 매겨지는 화폐 또는 은행의 신용을 바탕으로 만들어진 화폐를 말한다. 자본주의의 발달과 더불어 신용 제도가 정착된 사회에서는 이제 지폐뿐 아니라 '신용화폐'도 널리 사용되고 있다. 화폐의 형태는 '금 주화', '금속 주화', '지폐' 등을 거쳐 '신용화폐'의 형태로 발달해왔다. 여기서 신용화폐란, 어음이나 수표 등을 가리킨다. 지폐가 상품의 판매와 구매를 매개하는 역할을 담당한다면, 신용화폐는 주로 '지불 수단'의 역할을 담당한다.

신용화폐는 금(金)의 지불을 약속하는 채무 증서이자 화폐의 대용물이다. 이는 지불 수단으로서의 화폐의 기능에서 비롯된 것이다. 최초의 신용화폐는 상업화폐(상업 어음의 형식을 띤다)라고 할 수 있으며, 은행 신용이 상업 신용을 대신하게 되는 단계에서는 은행신용을 기초로 해 만들어지는 은행화폐가 신용화폐의 역할을 하게 된다. 은행화폐의 대표적인 예로는 태환 은행권, 예금 통화, 은행 인수 어음 등을 들 수 있다.

> **참고 신용화폐**
>
> 국가 경제의 신용에 따라 가치가 매겨지는 화폐로, 크게 신용주화, 지폐(은행권), 암호화폐로 나뉜다. 신용주화와 지폐는 실물 자체는 존재하지만, 암호화폐는 실물 자체도 없이 통신망상에서 존재하는 신용화폐다. 현재 신용화폐 중 금융 기축 통화의 지위를 보유하고 있는 화폐로는 중국 위안, 일본 엔, 러시아 루블, 영국 파운드, 미국 달러가 있다. 이들 화폐를 6대 금융 기축 통화라고 한다.

# 082

# 앵커링 효과
### anchoring effect

심리학자이자 행동경제학의 창시자인 다니엘 카너먼(Daniel Kahneman)과 아모스 트버스키(Amos Tversky)에 의해 제시된 개념으로, 배가 어느 지점에 닻을 내리면 그 이상 움직이지 못하듯이 인간의 사고가 처음에 제시된 하나의 이미지나 기억이 고정관념이 됨으로써 새로운 정보를 수용하지 않거나 이를 부분적으로만 수정하는 행동 특성을 말한다. 이는 사람들이 어떤 판단을 하게 될 때 초기 정보가 기준점으로 작용해 그 범위 안에서만 해당 정보를 해석하고 받아들이게 된다는 것으로, '정박 효과', '닻내림 효과'라고도 한다.

정보나 지식이 충분하지 않은 상황에서 행동하거나 결정을 내릴 때 사람들이 직관적 사고에 의존하는 경향을 '휴리스틱(Heuristic)'이라고 하는데, 앵커링 효과는 이러한 휴리스틱 사고의 일종이라 할 수 있다.

앵커링 효과는 사례는 다음과 같다.

① 마트에서 제품을 할인가로 판매하면, 기존 가격에 대한 정보가 기준점 역할을 함으로써 소비자들에게 가격에 대한 심리적 안도감을 제공한다.

② 명품 매장의 전면에 수천만 원을 호가하는 고가의 가방을 진열해놓는 것은 해당 금액이 기준점으로 작용해 상대적으로 더 저렴한 다른 제품들이 '살 만한 것'으로 인지하도록 하는 역할을 한다.

③ 비즈니스 영역에서 협상을 할 때 원하는 조건 또는 가격을 먼저 제시하는 것이 유리한 이유는 제시된 조건이 기준점 역할을 하기 때문이다. 즉, 원하는 조건보다 다소 높은 조건을 제시해 상대방이 이를 기준점으로 인식하도록 한 후, 중간 지점에서 타협해 이익을 얻을 수 있다.

# 083

# 양적완화
量的緩和, QE, quantitative easing

중앙 은행의 금리인하를 통한 경기 부양 효과가 한계에 봉착했을 때 중앙 은행이 국채매입 등을 통해 신용 경색을 해소하고 경기를 부양시키는 통화 정책을 말한다. 즉, 양적 완화는 금리를 더 이상 내릴 수 없고, 재정도 부실할 때 사용하는 정책이다.

경기를 부양하는 데에는 정부가 재정을 푸는 방법과 중앙 은행이 금리를 내리는 방법이 있다.

전자는 정부가 사업을 벌여 고용이 직·간접적으로 늘어나게 한 후, 이에 대한 돈을 지불함으로써 시중에 돈을 푸는 방법이다. 그런데 이 방법은 정부의 재정이 충실하지 못할 경우에는 한계가 있다. 후자는 돈을 싼 이자만 내고 빌릴 수 있도록 해 돈을 빌려 사업이나 소비를 하는 사람이 많아지도록 하는 방법이다. 그러나 금리는 아무리 내려봤자 '제로금리'에서 멈추기 때문에 이 방법에도 한계가 있다.

양적 완화에는 국채를 사들이는 방법도 있는데, 미국에서는 주로 이 방법을 사용한다. 국채를 발행하면 이것을 금융 기관이나 일반인이 사들이고 만기에 원금과 이자를 되돌려받는다. 국채를 사면, 국채를 사기 위해 지불한 현금은 시중에서 사라진다. 이와 반대로 이 국채를 중앙 은행이 다시 현금을 주고 사들이면 현금이 시중에 돌아다니게 되고, 채권이 중앙 은행으로 들어오게 된다.

한 나라의 양적 완화는 다른 나라의 경제에도 영향을 미친다. 예를 들면, 미국에서 양적 완화가 시행돼 달러 통화량이 증가하면 달러 가치가 하락하게 돼 미국 상품의 수출 경쟁력이 커지게 된다. 또한 원자재 가격이 상승해 물가는 상승하고, 달러 가치와 반대로 원화 가치(평가절상, 환율 하락)는 상승한다.

# 084

# 어닝쇼크
## earning shock

기업들이 어닝 시즌(earning season) 때 시장에서 예상했던 것보다 훨씬 저조한 실적을 발표해 주가에 영향을 미치는 현상을 말한다. 여기서 '어닝(earning)'은 주식시장에서 기업의 실적을 뜻하며, '어닝 시즌(earning season)'은 기업이 분기 또는 반기별로 그동안의 영업 실적을 발표하는 시기를 말한다.

영업 실적은 해당 기업의 주가와 직결되기 때문에 투자자들은 이에 민감할 수밖에 없는데, '어닝쇼크'란 이처럼 어닝 시즌에 기업이 발표한 영업 실적이 시장의 예상치보다 훨씬 저조해 주가에 충격을 준다는 의미에서 붙여진 용어다. 영업 실적이 시장의 예상치보다 저조하면 주가 하락으로 이어지는 경우가 일반적이며, 영업 실적이 좋더라도 예상했던 것보다 저조하면 주가가 하락하기도 한다.

시장에서 예상했던 것보다 실적이 저조하면 기업이 좋은 실적을 발표해도 주가는 떨어지지만, 예상했던 것보다 실적이 좋으면 기업의 실적이 저조하더라도 주가는 오른다. 통상 어닝쇼크는 예상보다 저조한 실적을 일컫는다. 이와 대조적으로 영업 실적이 예상보다 높은 경우에는 주가가 큰 폭으로 상승할 가능성이 있는데, 이를 '어닝서프라이즈(earning surprise)'라고 한다.

---

**참고 어닝 시즌**

소득, 수입이라는 뜻을 가진 어닝(earning)과 시기를 뜻하는 시즌(season)을 합한 말로, 주식 시장에서 기업들이 실적이 집중적으로 발표된 시기를 말한다. 이 시기에는 투자자들이 기업들의 실적에 따라 투자 여부를 결정하고, 이러한 실적을 바탕으로 증권사들이 향후 전망치를 내놓게 되면서 주가에 많은 영향을 미치게 된다.

# 역마르코폴로 효과

700년 전 마르코폴로가 중국의 기술을 세계에 전파시킨 것과 반대로 중국이 해외에서 선진 기술을 확보하는 현상, 즉 중국이 해외 투자를 통해 선진 기술과 경영 노하우, 브랜드 등과 같은 무형 자산을 확보하고 있는 현상을 말한다.

2005년 중국의 컴퓨터 제조업체인 레노보는 미국의 대표적인 PC 업체인 IBM의 PC 사업부를 인수하면서 거대 기업으로 부상했고, 중국 최대 풍력업체인 골드윈드는 2008년 4월 독일 벤시스를 인수하면서 순식간에 전 세계 풍력 발전 시장에서 5위로 올라섰으며, 중국의 징시 중공업은 2009년 3월 미국 델파이 사를 인수했다.

# 연금저축의 종류

평균 수명이 지속적으로 늘어남에 따라 대표적인 노후 대비책인 '연금'에 대한 관심이 높아지고 있다. 연금은 크게 국가가 보장하는 '국민연금', 기업이 보장하는 '퇴직연금', 개인이 자발적으로 준비하는 '개인연금'으로 나눌 수 있다. 기본적인 생활이 아닌 여유로운 노후 생활을 위해 개인연금 가입은 이제 선택이 아닌 가장 필수 사항이 됐다고 해도 과언이 아니다.

가장 대표적인 개인연금 상품으로는 '연금저축'이 있다. 연금저축은 연말정산 때 세액공제 혜택까지 받을 수 있어 대표적인 '세테크' 상품으로도 주목을 받고 있다. 연간 400만 원 납입 시 최대 66만 원까지 세금을 환급받을 수 있다.

연금저축은 그 특징에 따라 연금저축신탁, 연금저축보험, 연금저축펀드로 나눌 수 있다. 연금저축신탁은 은행에서 가입할 수 있고,

납입 금액 및 시기를 자유롭게 결정할 수 있는 자유납 방식이며, 투자 실적에 따라 수익률이 결정되는 실적 배당형 상품이다. 채권 100%의 채권형과 주식 10% 미만의 안정형 상품 중에서 선택할 수 있고, 예금자 보호법이 적용돼 안정성을 중시하는 고객들이 많이 찾는다.

연금저축보험은 신탁이나 펀드와 달리 일정 기간 동안 정해진 금액을 주기적으로 납입하는 상품이다. 은행 또는 보험사에서 가입할 수 있으며, 공시이율에 따라 수익률이 결정된다. 연금저축보험의 경우, 매월 납입하는 보험료에서 사업비를 차감한 금액이 매월 적립되는데, 이 적립금에 적용하는 이율을 '공시이율'이라고 한다. 공시이율은 시장금리와 보험회사의 자산 운용 수익률 등을 반영해 매월 변동되지만, 공시이율이 아무리 하락하더라도 최저 보증이율까지는 보장된다(2017년 12월 현재 기준 공시이율은 약 3% 수준이다.)

연금저축펀드는 은행, 증권사 등에서 가입할 수 있으며, 국내외 채권형 및 주식형 등 다양한 투자 포트폴리오 구성을 통해 고수익을 얻을 수 있는 상품이다. 신탁과 동일하게 자유납 방식이며, 실적 배당형 상품이다.

# 087

# 우회상장
### 迂廻上場

특정 기업이 정상적으로 단계를 밟아 주식시장에 상장하는 것이 아니라 기존에 상장된 기업을 인수해 인수한 기업의 이름을 바꾸는 것을 말하며, '백도어리스팅(back door listing)'이라고도 한다. 우회상장은 상장 요건을 충족시키기에는 미흡하지만, 성장성이 높고 재무적으로 우량한 비상장 기업에게 자본 조달의 기회를 주려는 취지로 도입된 제도다.

일반 주식시장에서 기업이 상장을 하려면 여러 절차를 거쳐야한다. 부실기업을 상장시키면 그 기업에 투자한 일반 투자자들이 피해를 입을 가능성이 높다. 기업이 우회상장을 하는 이유는 주식시장에 상장을 하고 싶은데 절차가 복잡해 심사 절차를 통과하지못할 것 같거나 당장 자금이 필요해 최대한 빠른 시일 내에 주식시장에 상장하고 싶기 때문이다.

우회상장은 대부분 자금 사정은 좋지만 상장 요건을 갖추지 못했거나 복잡한 절차를 피해 빠른 시일 내에 상장하려는 비상장기업이 대주주 지분율이 낮고 경영난에 빠진 부실한 상장 기업을 인수·합병하는 방식으로 이뤄진다.

　이 밖에 주식 교환[6], 영업양수도[7] 등의 방법을 통해 우회상장이 이뤄지기도 한다. 우회상장에 대한 심사가 허술하면 자격 미달의 부실기업이 쉽게 자본 시장에 진입해 투자자들을 현혹하고 투자자들의 돈만 챙기는 사례가 발생할 수 있다.

---

6) 상장 회사가 발행한 주식과 비상장 회사가 발행한 주식을 교환함으로써 상장 회사를 자회사로 편입시키는 방식
7) 비상장 기업의 핵심 사업을 영업 양도 형식을 빌려 상장 기업에 매도하고 그 대가로 비상장 기업의 주주가 상장 기업의 주식을 받는 방식

　　　　　　　　　　　　알아두면 쓸 데 있는 **3분 생활 경제 상식**

# 088

# 원천징수

源泉徵收

조세 징수 방법 중 하나로, 기업들이 급여를 지급할 때 근로자가 내야 할 세금을 회사가 국가를 대신해 미리 떼는 것을 말한다. 즉, 종합소득세, 지방소득세, 주민세, 건강보험료 등과 같은 개인의 세금을 회사가 국가를 대신해 징수하는 것을 말한다. 이후 근로자는 연말정산을 통해 미리 납부한 세금을 돌려받거나 더 납부한다.

원천징수는 매달 근로자가 정확한 세금을 계산하는 것이 어렵기 때문에 회사는 기본적인 공제분을 적용해 대신 납부한다. 직장인은 급여명세표에 표기된 소득세와 주민세 항목을 보면서 매달 세금을 납부하고 있다고 생각할 수 있지만 이는 정확히 말해 회계 편의상 원천징수 대상자인 회사가 간이세액표에 따라 미리 세금을 납부한 것에 불과하다. 직장인은 연말정산 시 정확한 세액 차이를 재계산해 공제를 하거나 환급을 받게 된다.

원천징수는 그 성질에 따라 갑종근로소득세·배당이자소득세·기타 소득세와 같이 소득 금액을 지급할 때에 원천징수함으로써 세금이 완납되는 완납적 원천징수와 소득세·법인세·부가가치세 등과 같이 원천징수의무자가 거래 시마다 징수하는 원천세(源泉稅)로, 이후 정기분 과세에서 공제되는 예납적 원천징수로 구분할 수 있다.

정부는 매월 분 근로소득에 대한 원천징수의 편의를 위해 소득세법 시행령에서 근로소득 간이세액표를 규정하고 있다. 기업들은 간이세액표를 참고해 세금을 징수하는데, 간이세액표는 근로자의 월급여액과 가족 수에 따라 일률적으로 적용된다.

# 윈도드레싱
**window dressing**

기관투자가들이 운용 자산의 평가 수익률을 높이기 위해 자신들에 대한 평가가 이뤄지는 월말이나 분기 말에 주가를 집중적으로 관리하는 것을 말한다. 즉, 말 그대로 연봉 협상에 유리하도록 수익률이 좋은 종목만 남기고 마이너스 종목은 아예 없애는 것이다.

원래 윈도드레싱은 백화점 등에서 옷 등의 제품들을 고객들의 관심을 끌 수 있도록 보기 좋게 전시하는 것을 말하는데, 유통 시장에서 사용되던 표현이 금융 시장으로 넘어오면서 수익률 관리 개념으로 변형된 것이다.

일정 시점에서 대외적으로 펀드의 포트폴리오를 공개해야 하는 자산 운용사의 펀드매니저들의 입장에서는 수익률이 좋은 종목만 남아 있기를 원한다. 따라서 수익률이 좋지 않은 종목을 팔아 평가 시점의 포트폴리오에서 없애고, 당시에 수익률이 좋은 종목을 사는 것이다. 만약, 포트폴리오에 있는 종목 중 수익률이 좋은 종목이 있다면 추가로 사서 수익률을 끌어올리기도 한다.

# 유대인 자본

오늘날 전 세계 인구 69억 명 중 유대인은 약 1,700만 명 정도다. 이렇게 적은 수의 유대인이 미국과 세계를 실질적으로 지배한다고 해도 지나친 말이 아니다. 불과 650만 명의 미국 내 유대인이 세계 무대에서 커다란 영향력을 갖고 있는 공동체(共同體)로 성장했다는 것은 누구도 부인하기 어렵다.

우리나라는 1997년 12월에 IMF 사태를 겪었다. IMF 사태 이후 우리나라의 거의 모든 시중은행이 평균 50%가 넘는 외국 자본에 의해 운영되고 있다. 이것은 IMF 사태 당시 국제 금융 자본의 한국 금융 시장 개방 압력을 전폭 수용한 결과다.

현재 우리나라 금융 기관에 투자한 국제 자본은 주로 사모 펀드나 단기 투기자금이다. 이 중 골드만삭스 등과 같은 유대계 자본이 커다란 비중을 차지하고 있다. 이들 자금의 대부분은 은행, 보험, 증권에 집중돼 있다. 이러한 현상은 기업 활동의 초점이 생산 증대나 고용 확대에 맞춰져 있는 것이 아니라 오직 단기 고수익에 맞춰져 있다는 방증이다. 만약, 우리나라가 국제 자본의 불만을 사게 되면 이들은 일시에 투자 자금을 모두 회수해 다른 시장으로 이동할 수도 있다.

미국에서는 이미 오래전부터 유대자본과 차이나머니가 존재했다. 중국은 부동산, 유대인은 금융과 주식 분야에서 막강한 영향력을 행사하고 있었다. 미연방준비은행(FRB)과 IMF는 세계 금융 시장에 막대한 영향력을 행사하고 있고, 그 뒤에는 유대 자본이 숨겨져 있다. 미국 금융 자산의 40% 그리고 유럽 자본의 20%가 유대 자본이라는 설도 있다. 유대인들이 미국에서 금융과 석유산업을 장악하면서 얻어낸 공공 기관은 FRB와 IMF다. 그리고 이들은 IMF를 이용해 외국을 자본 식민지로 만들어왔다.

# 091

# 은산분리

銀産分離

산업 자본이 금융 시장을 잠식하는 것을 막기 위한 목적으로 산업 자본이 의결권 있는 은행 지분을 4%까지만 보유할 수 있도록 제한한 규정을 말한다. 현행 은행법에서는 금융위원회의 승인을 얻어 10%까지 보유할 수 있지만, 의결권이 있는 지분은 4%까지만 보유할 수 있다. 이는 산업 자본이 금융 자본을 잠식했을 경우에 발생할 수 있는 불공정한 일들을 예방하기 위한 조치라고 할 수 있다.

현재 은행법은 기업이 은행을 사금고화하는 것을 막기 위해 산업 자본이 소유할 수 있는 은행의 지분을 4%로 제한하고 있다. 그러나 내년 인터넷전문은행의 출범을 앞두고 은행법의 은산 분리 규제를 완화해야 할 필요가 제기되면서 다시 주목을 받고 있다. 그 이유는 은산 분리에 따라 한 기업이 인터넷전문은행에 대해 실질적인 경영권을 갖지 못하고, 주주 구성이 복잡해져 효율적인 의사결정과 운영이 어려워질 가능성이 있기 때문이다. 이에 따라 인터

넷전문은행의 경우, '대기업 집단을 제외한 기업'에 대한 인터넷전
문은행 주식 보유율을 50%까지 허용한다는 은행법 개정안이 발
의됐지만, 정기 국회를 통과하진 못했다.

> **참고 인터넷전문은행**
>
> 점포가 아예 없거나 매우 소수의 영업점만 소유한 채 오직 온라인으로만
> 금융사업을 하는 은행을 말한다. 이들 은행들의 업무는 금융 자동화 기기
> 나 인터넷, 모바일 응용 프로그램과 같은 전자 매체를 통해 이뤄진다. 최근
> 들어 은행 점포를 찾기보다 인터넷을 통해 금융 거래를 하는 사람들이 늘
> 어나면서 우리나라에서도 인터넷전문은행 도입 논의가 본격화됐다.

# 092

# 인플레이션/디플레이션
### inflation/deflation

인플레이션은 화폐 가치가 하락해 상품과 서비스의 전반적인 가격 수준이 지속적으로 오르는 경제 현상을 말한다. 즉, 수요는 넘치는데 공급이 이에 미치지 못하는 경우에 발생하는 현상이다. 돈의 양이 늘어나 화폐 가치가 하락하면 물가는 전반적·지속적으로 상승하게 된다. 따라서 물가가 오르면 같은 물건을 사기 위해 더 많은 돈을 내야 한다.

국내외 원자재 값이 인상돼 공급이 줄거나 소비나 투자를 위한 가계나 기업의 수요가 총생산 규모를 초과하는 경우에는 인플레이션이 나타날 수 있다. 인플레이션이 나타나면 사업가나 땅부자는 재고(在庫)품과 땅 값이 자꾸 오르기 때문에 앉아서 이익을 보지만, 월급으로 살아가는 샐러리맨과 노동자는 물가 상승으로 인해 생활하기가 어려워진다.

이와 반대로 디플레이션은 가격 수준이 계속 내려가는 경제 현상을 말한다. 제품이 너무 많이 생산돼 공급되거나 부동산 등의 가격이 급격히 떨어지는 현상(거품 붕괴) 등과 같은 원인에 의해 발생한다. 디플레이션이 발생하면 부동산이나 주식 등 자산 가격이 떨어지고, 실질 금리가 상승해 실질 채무 부담이 늘어나게 되므로 소비와 생산 활동이 위축될 수 있다. 따라서 디플레이션이 진행되면 부동산 등 실물 자산보다는 돈을 직접 보유하려는 성향이 나타난다.

디플레이션이 나타나면 소비자들은 앞으로 상품 가격이 더 내릴 것이라 생각해 소비를 줄인다. 수요가 줄면 기업은 장사가 안 돼 생산을 줄이고, 결국 종업원을 해고해 실업률이 높아진다. 물가 하락이 불황을 부르고, 불황이 다시 물가 하락을 부채질하는 악순환에 빠지는 것이다.

# 093

# 지급준비제도

支給準備制度

예금과 같은 채무의 일정 비율에 해당하는 비율을 중앙 은행에 예치하는 제도다. 1863년 제정된 미국 '국법은행법'이 예금자 보호 차원에서 예금에 대해 법정 지급 준비금을 부과한 것에서 유래했다. 1930년대에 들어 지급준비율 변경을 통해 본원 통화를 조절하면 통화량에 영향을 미친다는 사실이 밝혀지면서 중앙 은행의 유동성 조절 수단으로 사용되기 시작했다.

1933년 미 의회가 연방준비제도에 일정 범위 내에서 지급준비율을 변경할 수 있는 권한을 부여함에 따라 이 제도가 중앙 은행의 전형적인 통화 정책 수단으로 자리 잡았다. 이후 지급 준비 제도는 여러 나라에 보급돼 제2차 세계대전 이후 설립된 대부분의 중앙은행들이 중요한 통화 정책 수단의 하나로 활용되고 있다.

지급준비제도의 역할은 금융 기관의 예금 운용과 인출 요구의 균형을 맞추는 것이다. 금융 기관은 고객으로부터 예금을 받아 여러 형태의 자산으로 운용하는데, 이 과정에서 수익을 높이기 위해 수익성이 낮은 유동성 자금을 적게 보유하려고 할 것이다. 이 경우, 해당 금융 기관은 다른 금융 기관에게 높은 금리로 자금을 빌리게 되고, 이는 금리 상승에 영향을 미쳐 금융 시장이 불안해진다. 이와 같이 고객의 예금 인출 요구에 응할 수 있도록 각 금융 기관에 최소한의 유동성 자산을 보유할 것을 법적으로 강제하는 것이 지급준비제도다.

금융 기관이 고객의 지급 요구를 받아들이기 위해 미리 준비해 놓은 유동성 자금을 '지급준비금'이라 하고, 지급준비금 적립 대상 채무 대비 지급준비금의 비율을 '지급준비율'이라고 한다. 지급준비금은 금융 기관이 보유한 현금과 중앙 은행에 예치된 자금으로 구성된다.

지급준비제도는 단기 시장금리가 불안정하게 변동하는 것을 예방하는 역할을 하기도 한다. 금융 기관은 중앙 은행에 예치한 지급준비금을 결제자금 용도로 이용하는데, 필요한 지급준비금의 규모가 결제자금 수요보다 크면 단기 자금을 조달할 필요가 없어지기 때문이다.

또한 지급준비제도는 외부 요인에 의해 1차적인 잉여 유동성을 흡수하는 수단으로도 활용된다. 예컨대 경상수지 흑자나 외국인 증권투자자금 유입 등으로 인한 본원통화 증발 압력을 모두 환율 하락이나 통안증권 발행 등으로 흡수할 경우, 환율과 금리 변동 폭이 커져 경제 불안 요인으로 작용하지만, 지급준비제도를 활용하면 이를 완화할 수 있다.

---

**참고 지급 준비율 조정 정책**

중앙 은행이 시중 은행의 지급 준비율을 조절함으로써 통화량을 관리하는 정책을 뜻한다. 은행은 예금자가 요구할 때 언제든지 예금을 인출해줄 수 있도록 예금 총액의 일부를 준비금으로 갖고 있어야 하는데, 이를 '지급 준비금'이라고 한다. 중앙 은행은 예금액에 대한 지급 준비금의 비율인 '지급 준비율'을 올리거나 내림으로써 은행의 자금량을 조절할 수 있다.

준비율은 은행이 대출할 수 있는 자금의 양과 은행의 수지에 미치는 영향이 매우 크기 때문에 어느 정도 통화량을 조절할 수 있다. 즉, 지급 준비율을 올리면 통화량이 줄어들고, 이와 반대로 지급 준비율을 내리면 통화량이 늘어나는 것이다.

# 094

# 찰스 폰지
## Charles Ponzi

북아메리카 지역에서 활동한 이탈리아인 사기꾼이다. 1920년대에 널리 알려졌으며 외국에서 구매한 만국우편연합 국제반신권[8]을 미국에서 내다팔 때의 차익을 이용해 투자자들에게 45일 내에 50% 그리고 90일 내에 100%의 수익률을 낼 수 있다고 속여 투자금을 모았다.

그는 본격적으로 사기 행각을 벌이기 위해 1920년 1월에 '증권거래사'를 설립했다. 처음 한 달 동안 18명이 1,800불을 맡겼고 한 달후 신규 투자자들의 투자금에서 빼낸 돈이 기존 투자자 18명에게 지급됐다. 스쿨 스트리트 나일스 빌딩에 더 큰 사무실을 세웠다. 소문이 퍼져나가고 더 많은 투자자가 모여들었다. 불과 1920년 2월에서 3월 한 달 사이 투자액은 5,000불에서 2만 5,000불로 상승했다.

그는 에이전트를 고용해 뉴잉글랜드 지방 및 뉴저지 주에서 새로

---

8) 우편 송달 시 발송인이 상대방의 수취인에게 답신용의 우편요금을 부과시키지 않고 싶을 경우, 편지에 동봉해 보내는 국제 통용의 우표 대체 유가 증권이다.

운 투자자를 물색하기에 이른다. 그 당시 투자자들은 고액의 돈을 지급받았고 소문은 더 퍼져나갔다. 1920년 5월 투자액이 42만 불에서 6월에는 250만 불에 이르렀으며, 7월 말엔 하루 100만 불에 이르렀다. 대부분의 투자자들은 수익을 보지 못했음에도 돈을 계속 투자했다. 그러나 이는 신규 투자자들의 투자금을 기존 투자자들에게 지급해주는 사기였다.

이 와중에 폰지는 국제반신권을 돈으로 바꾸는 일이 불가능함을 깨닫게 됐다. 왜냐하면 1800불을 투자한 처음 18명의 투자자들이 이익을 보려면 국제반신권 5만 3,000장이 필요했고, 그 후 불어난 1만 5,000명의 투자자들이 이익을 보려면 타이타닉 호 정도의 배에 국제반신권을 가득 채워 유럽에서 미국으로 보내야 했기 때문이다.

그의 사기 행각은 단시일 내에 큰 수익을 낸다는 것에 의심을 품은 보스턴 포스트에 의해 만천하에 드러났다. 폰지는 1934년까지 감옥에 수감됐으며, 그 후 이탈리아로 추방됐다.

# 095

# 총부채상환비율

**總負債償還比率, DTI, debt to income**

총소득(총수입)에서 부채의 연간 원리금(원금+이자) 상환액이 차지하는 비율을 말한다. 이는 부동산 가격이 상승하기 시작한 2007년부터 시행된 것으로, 아파트 가격 상승을 제한할 목적으로 시행됐다. 2007년 이전에는 총부채상환비율 대신 주택담보인정비율(LTV, loan to value)을 적용했다. 주택담보인정비율은 대출을 받을 때 담보로 제공하는 주택의 가치를 은행에서 평가한 가격의 비율만큼 대출해주는 제도다.

우리가 새로 집을 사거나 이사를 할 경우, 자신의 자금으로 충당하는 경우도 있지만, 대부분은 은행 등 금융 기관으로부터 대출을 받아 부족한 자금을 충당한다. 이렇게 주택을 담보로 제공하고 대출을 받는 것을 '주택담보대출'이라고 한다. 그런데 주택담보대출을 중심으로 가계 부채가 급증하면서 대출을 받은 개인들이 대출금을 상환하지 못할 위험성이 점차 커지게 됐다. 이에 금융감독원과

전국은행연합회는 2007년 3월부터 총부채상환비율(DTI) 기준을 강화해 개인이 소득 수준에 비해 너무 많은 대출금을 받지 못하도록 했다.

예를 들면, A의 1년간 소득이 5,000만 원이고 1년간 부담하는 대출금 이자와 원금 상환액이 2,000만 원이라면 A의 총부채상환비율은 40%가 되는 셈이다. 종전에는 투기 지역과 수도권의 투기 과열 지역에서 6억 원이 넘는 아파트를 신규로 구입할 때만 총부채상환비율이 40%를 넘지 않도록 했지만, 이 조치로 인해 6억 원 이하인 아파트도 총부채상환비율을 돈을 빌리는 사람의 능력에 따라 30% 내지 60%로 차등 적용하기로 한 것이다.

최근 금융 기관의 주택담보대출 동향을 보면 그 증가액이 급격히 줄어드는 모습을 보이고 있다. 금융 기관의 주택담보대출 잔액을 보면 2005년 말 약 241조 원, 2006년 말 275조 원 정도였는데, 2007년 들어서는 증가액이 급격히 줄어들고 있다(2007년 3월 말 잔액은 약 278조 원).

# 096

# 출구 전략
## exit strategy

원래는 전쟁에서 임무를 완수한 군대의 퇴각 시나리오를 뜻하는 단어였다. 베트남 전쟁 때 미국 국방부 내에서 처음 사용했고, 이라크 전쟁 등과 같은 테러와의 전쟁 상황에서도 자주 사용됐다. 현대에는 경제 정책에 관련된 용어로 사용되고 있다. 즉, 경제 위기를 극복하기 위해 일시적으로 기조를 바꾼 경제 정책을 원상복구하는 것을 말한다. 좀 더 구체적으로 말하면, 정부가 경기 침체를 벗어나기 위해 펼치는 정책이 부작용을 일으키지 않고 경기 회복의 역할을 제대로 할 수 있도록 하는 전략을 말하며, 탈출 계획, 탈출 전략, 이탈 전략이라고도 한다.

특정 국가에 경제위기가 닥치면 해당 국가의 정부는 금리를 낮추는 등의 방법으로 시장에 돈을 많이 풀어 경제를 부양시키려고 노력한다. 이렇게 유동성을 다량 공급하면, 경기가 활성화되는 효과는 있지만, 인위적인 인플레이션이 생겨 경제 전체에 버블을 유발하게 된다. 시장에 돈을 많이 풀림으로써 화폐의 가치가 낮아지는 데 따른 문제가 발생하게 되는 것이다. 어느 정도 경기 부양의 효과를 본 이후에는 다시 경제 정책을 원상태로 되돌려야 할 필요성이 생기게 되는데, 이러한 일련의 움직임이 마치 군대의 퇴각 시나리오와 유사하다고 해서 출구 전략이라 부르게 된 것이다.

출구 전략의 사례로는 우리나라의 기준금리 인상, 중국의 위안화 절상, 부동산 대출 금리 우대 철회, 미국의 양적 완화 조치 등을 들 수 있다.

# 097

# 출자전환
出資轉換

기업이 안고 있는 빚을 이자를 내지 않아도 되는 자본으로 바꿔주는 것을 말한다. 영업은 잘하는데 이자로 내는 돈이 많아 어려움을 겪고 있는 기업을 살리기 위해 사용하는 방법이다. 은행들은 빌려준 돈 대신 해당 기업의 주식을 받아간다. 출자전환이 되면 은행은 돈을 빌려준 곳이 아니라 그 기업의 주식을 가진 주주가 되는 것이다.

경제학에서 자본(또는 자기자본)은 '순수한 자기 돈'을 의미하고, 주주들이 모아준 돈은 '자본금'이라고 한다. 출자라는 것은 주주들이 회사에 사업 자금을 내는 것이고, 주주들은 돈 대신 주식을 받는다. 또 기업이 이익을 내면 회사 안에 돈을 모아두기도 하는데, 이것를 '이익잉여금'이리고 한다.

대부분의 기업은 자기자본으로 사업하기 어려워 은행에서 돈을 빌린다. 남에게 갚아야 할 돈을 '부채'라고 하고, 이 중에서 이자를 내야 하는 것을 '차입금'이라고 한다. 출자전환은 부채 가운데 차입금을 주식으로 바꿔 자본으로 만드는 것을 말한다. 출자전환이 일어나면 부채가 줄고 자본이 늘어나기 때문에 기업의 재무 구조가 좋아진다. 차입금이 감소하는 만큼 기업의 이자 부담이 줄어드는 것이다.

만약, 이 회사의 상황이 좋아지면 주식 가격이 오르게 되고, 주가가 오르면 은행은 주식을 되팔아 자신들이 빌려줬던 돈을 되찾을 수도 있다. 이와 반대로 출자전환을 한 후에 회사의 상황이 좋지 않아 주가가 하락하거나 회사가 망해 주식이 휴지조각이 되면 은행은 큰 손해를 입게 된다.

# 098

# 치킨 버블
**chicken bubble**

최근 급격히 증가한 치킨집이 한국의 경제를 위협하게 될 것이라는 의미를 가진 말로, 일본의 부동산 버블에 빗댄 표현이다. 이 용어는 미국의 「월스트리트저널」(한국어판) 2013년 9월 16일자 기사에서 유래했다. 이 기사에서는 "한국에는 동네마다 집을 담보로 대출받아 개업한 치킨집이 넘쳐나고 있다. 미국 주택시장 붕괴 직전의 수준에 다다르고 있는 한국 가계부채의 원인은 치킨집으로 인해 늘어난 대출 때문이다"라고 표현했다.

치킨집이 이렇게 급증한 가장 큰 이유는 별다른 기술 없이 자본만 있으면 쉽게 창업할 수 있기 때문이다. 낮은 진입 장벽 때문에 연금만으로 생활 유지가 어려운 베이비붐 세대 은퇴자들이 치킨집을 개업하고 있다. 한 연구소의 조사에 따르면, 치킨집 창업자 가운데 50대가 차지하는 비중은 10년 전에 비해 2배나 늘었다. 이들은 부동산을 담보로 치킨집을 개업하는 것으로 알려져 있는데, 폐업하는 치킨집이 빠른 속도로 늘어나면서 가계 부채가 급증세를 보이고 있다.

---

**참고 부동산 버블**

부동산 가격이 경제 상황이 반영된 여러 가지 경제지표를 이탈해 일정 기간 지속적으로 상승하는 것을 말한다. 부동산 버블은 크게 시장 메커니즘에 따라 자산의 가격 수준 범위 안에서 가격이 변동하는 현상과 시장 메커니즘의 근거 없이 가격 수준이 이탈하는 현상으로 나눌 수 있다. 후자의 예로는 2007년 4월에 시작된 미국의 서브프라임 모기지 사태, 일본의 1980년대 후반의 지가 폭등을 들 수 있다.

---

# 카오스이론

混沌理論, chaos theory

불규칙적으로 보이면서도 나름대로 질서와 규칙성을 지니고 있는 현상들을 설명하려는 이론을 말하며, 혼돈이론이라고도 한다. 1900년대 물리학계의 비선형 동역학을 연구하는 과정에서 출발했다. 이 이론은 초기 조건이 조금만 달라져도 결과가 상당히 다르게 나온다는 특징을 갖고 있다. 물리학에서는 불규칙적인 결정론적 운동을 가리키고, 양자역학에서도 불확정성 원리나 양자계와 관련해 카오스를 다루는데, 이를 '양자카오스'라고 한다.

1961년 미국의 기상학자 로렌츠(E. N. Lorentz)는 기상 모델을 연구하면서 나비효과(butterfly effect)를 발표해 이론적 발판을 마련하기도 했다.

카오스이론의 실제 사례로는 나뭇잎의 낙하 운동, 태풍 또는 지진 메커니즘, 물의 난류 현상, 회오리바람, 증권 시장에서의 주식 가격 변화를 들 수 있다.

# 코스닥/코스닥 지수
## KOSDAQ/KOSDAQ 指數

코스닥은 우리나라 중소기업의 금융 조달 수단으로서 주식 장외 거래를 활성화하기 위해 1996년 5월에 설립한 매매중개회사를 말한다. 증권협회의 자회사 형태로 자동 매매 체결 시스템을 구축해 1995년 7월부터 영업을 개시했다. 중소기업이나 신생 벤처기업에겐 유가증권시장의 문턱이 너무 높고, 기업 공개 과정에서 탈락할 소지가 많다는 이유로 이들 기업만을 위한 시장을 하나 더 만들어 증시에서 자금을 조달할 수 있는 길을 열어준 것이다.

코스닥은 기존의 유가증권 시장과 분리된 장외거래 주식시장으로, 당시 주식시장에서 쓰이던 증권거래소 건물에서의 중개인을 통한 직접 주식 거래를 벗어나 장외에서 컴퓨터와 통신망을 이용해 불특정 다수가 거래에 참여하는 시장으로 출발했다. 과거 장외 시장은 증권회사의 창구를 이용한 상대매매방식에 의해 거래했던 점두시장이었지만, 자동매매시스템이 도입된 이후 경쟁매매방식으로 전환해 보다 신속하고 정확한 매매호가를 제공할 수 있게 돼 장외 시장 활성화에 기여했다.

코스닥시장이 처음 생겼을 때는 전체 종목 중 약 1/5에 해당하는 일부 종목의 경우, 거래가 '전화'와 '수기'로 이뤄지기도 했다. 처음에는 증권업협회와 증권회사들이 공동출자한 (주)코스닥시장으로 시작했지만, 2004년 법률로 한국증권선물거래소로의 통합 작업이 이뤄지면서 증권업협회의 관리에서 벗어났다. 이후 상호가 한국거래소(KRX)로 바뀌었다.

코스닥지수는 코스닥 시장에 상장된 기업의 주가에 주식수를 가중한 시가총액지수를 말한다. 1996년 7월 1일을 기준치 1000으로 하고 있으며, 1997년 1월 3일부터 실시간으로 산출해 발표하고 있다.

# 코스피
**KOSPI**

한국거래소 유가증권시장의 종합주가지수를 이르는 말이다. 유가증권시장을 '코스피시장(KOSPI Market)'이라 하기도 한다. 우리나라 제1의 주식시장으로, 2017년 11월을 기준으로 2500선을 돌파했고, 시가총액은 1,650조 원가량이다. 우리나라의 유력 기업 기업들은 거의 이 코스피시장에 등록돼 있다.

과거에는 주가지수를 다우존스식 수정주가평균 방식으로 계산했는데, 1964년에 처음으로 주가지수 산출을 시작했고, 경제 규모가 커져 기존 주가지수가 새로 상장된 기업들의 주가 수준을 반영하지 못한다는 의견이 대두되면서 1972년에 한국종합지수를 새로 지정해 1980년대 전반기까지 사용했다. 하지만 그 이후로도 새로 들어온 기업들의 주가수준을 반영하기 위해 주가지수 산출 시점을 여러 번 변경함으로써 사전 지식이 없으면 이 당시의 주가가 어느 정도였는지 제대로 가늠하기 어려워 1983년 시가총액식 주가지수로 변경됐다.

# 코어인플레이션
## core inflation

소비자물가지수 등의 인플레이션 지표에서 에너지와 식료품을 제외한 것을 말한다. 이 개념이 처음으로 도입된 시기는 지난 1973년 아랍의 석유 금수 조치에 따른 유가 파동 직후다. 당시 미국 연방준비제도이사회 의장이었던 아서 번즈는 일시적인 유가 급변으로 인해 통화 정책이 부적절한 영향을 받아서는 안 된다는 판단 아래 에너지와 식료품 등 단기간에 가격 변동이 큰 요소를 제외한 인플레이션 지표를 새로 만들었다.

일반적으로 각국의 중앙 은행은 물가 안정을 최우선 목표로 삼고 있다. 장기적인 물가는 통화량과 비례하기 때문에 물가가 높아지면 통화량을 줄이고, 물가가 낮으면 통화량을 늘리는 식으로 물가를 조정하게 된다. 그러나 유가가 갑자기 오르나 작황이 나빠 식료품 값이 뛰면 통화량과는 별개로 물가가 오르게 된다. 이때 단순히 물가가 오른다고 긴축 통화정책을 시행하게 되면 경제에 충격을 줄 수 있다. 심할 경우 일시적 물가 변동이 사라진 후 디플레이션에 빠져들 가능성도 있다. 그렇기 때문에 단기적으로 심한 가격 변동성을 보이는 유가와 식료품을 제외해 좀 더 통화량과 긴밀한 움직임을 보이는 코어인플레이션이란 개념을 만들어낸 것이다.

---

**참고 초인플레이션**

물가 상승이 중앙 정부의 통제를 벗어난 상태에서 수백 퍼센트의 인플레이션율을 기록하는 상황을 말한다. 전쟁이나 경제 불안 등으로 인한 재화와 서비스의 희소성이 증가해 가격이 상승하고, 정부가 이를 통제하지 못하고 화폐를 계속 발행하는 경우에 나타난다. 제1차 세계대전이 끝난 후 독일 정부가 전후 배상금 문제를 해결하고 경기를 진작시키기 위해 화폐를 발행하게 되면서 초인플레이션이 발생한 것이 대표적인 사례라고 할 수 있다.

# 103

# 크리슈머

**cresumer**

'창조(creative)'와 '소비자(Consumer)'를 합친 말로, '창조적 소비자'를 뜻한다. 크리슈머는 소비는 물론 제품 개발과 유통 과정에도 소비자가 직접 참여하는 프로슈머보다 발전한 개념으로, 소비자가 자신에게 필요한 제품을 직접 만들어 쓰는 현상을 일컫는다.

미래학자인 앨빈 토플러는 자신의 책 『제3의 물결』에서 프로슈머(Prosumer)로서 소비자가 생산 단계에도 직접 참여한다고 예측했는데, 최근 들어 나타난 크리슈머는 소비자가 자신에게 필요한 제품을 직접 만들어 사용함으로써 소비자 반란 시대가 현실이 되고 있다.

제품 개발 단계에의 소비자 참여도 강화되고 있다. 기업들은 소비자 만족도를 극대화한 상품을 개발하기 위해 제품 기획 단계에서 상품화까지 소비자를 끌어들여 그들의 아이디어를 제품에 반영하고 있다. 자동차업계의 오토 프로슈머 제도, 유통업계의 PB(자체 브랜드) 상품 개발 등도 크리슈머를 적극 활용해 매출을 극대화하기 위한 사례라고 할 수 있다.

**참고 PB 상품**

마트, 백화점과 같은 대형 소매상이 자신들이 매장 특성에 맞춰 개발한 브랜드 상품을 말한다. PI 상품, 자체 브랜드라고도 한다. PB 상품이 발달하게 된 이유는 중소 제조업체와 유통 업체 간의 이해관계가 맞아떨어졌기 때문이다. 유통업체의 입장에서는 자체개발한 상품을 통해 차별화를 꾀할 수 있고, 중간 유통 비용을 절약할 수 있으며, 제조업체의 입장에서는 판로가 안정적이고 별도의 판촉 행위가 불필요하다는 장점이 있다.

# 104

# 통상임금

通常賃金

　　각종 법정수당, 즉 시간외 근로수당, 휴일 근로수당, 연차 근로수당, 월차근로수당, 해고수당, 생리수당 등을 계산하는 기준을 말한다. 각종 법정수당의 기준액을 무엇으로 하느냐에 따라 월급액의 차이가 발생하기 때문에 노사 간 초미의 관심사기도 하다.

　　통상임금은 기본적으로 기본급과 각종 수당으로 구성된다. 하지만 월급여 명세서에 나타나 있는 모든 수당이 통상임금에 포함되는 것은 아니며, 변동성을 가진 임금(수당)은 제외된다.

　　다시 말해, 통상임금은 법정 근로시간 또는 그 이내에서 정한 근로시간에 대해 지급하기로 한 기본급 임금과 노조와의 단체협약 또는 취업 규칙, 근로계약 등에 의해 근로자에게 '고정적·일률적으로' 임금산정기간(즉, 1개월)에 지급하기로 한 고정급 수당으로 구성된다. 즉, 통상임금은 실제 근무일수와 지급한 임금에 상관없이 고정적이고 평균적인 일반임금, 즉 기본급과 이에 준해 고정적으로 지급되는 수당의 1일 평균치를 말하는 것이다.

통상임금에 포함되는 수당의 예시는 다음과 같다.

① 가족수당: 노동부 행정해석(지침)에서는 대체로 가족수당을 통상임금에 포함시키지 않고 있지만, 각종 법원 판례에서는 전 근로자에게 지급되는 경우(부양 가족의 유무와 관계없이 일률적으로 지급되는 경우)에 한해 통상임금에 포함시키도록 하고 있다.

② 급식대: 가족수당과 마찬가지로 노동부 행정해석(지침)에서는 급식대를 통상임금에 포함시키지 않도록 하고 있지만, 각종 법원 판례에서는 전 사원에 대해 일률적으로 현금으로 지급되고 사용자에게 그 지급의무가 명시된 경우에 한해 통상임금에 포함시키도록 하고 있다.

③ 기타 통상임금에 포함되는 수당: 직무수당, 직책수당, 근속수당, 면허수당, 승무수당, 물가수당 등 물가변동이나 직급 간의 임금격차를 조정하기 위해 지급되는 수당, 업무장려수당 등 업무능률을 향상시킬 목적으로 근무성적에 관계없이 일률적으로 지급되는 수당 등

④ 기타 통상임금에 포함되지 않는 임금: 상여금, 근무일에만 지급되는 승무수당, 업무능률에 따라 지급되는 업무장려수당, 숙직수당, 통근수당, 생활보조 및 복지후생적으로 보조되는 금품(경조비, 등) 실비변상으로 지급되는 출장비나 업무활동비 등

# 105

# 통화스와프
## currency swaps

통화교환(스와프)의 형식을 이용해 단기적인 자금 융통을 행하기로 하는 계약을 말한다. 통화스와프는 통화라는 기초자산을 스와프 계약이라는 방식으로 거래한다. 두 거래 당사자가 서로 다른 통화를 약정된 환율에 따라 일정 시점에 서로 교환하는 외환 거래다. 국가 간의 통화스와프 협정은 두 나라가 자국 통화를 상대국 통화와 맞교환하는 방식으로 이뤄진다. 이 제도는 환율이나 금리 변동에 따른 위험을 피하거나 외화 유동성 확충을 위해 사용된다.

통화스와프 계약을 체결할 때는 환율 어느 수준에서 얼마만큼 교환을 할 수 있는지 등에 대한 조건을 걸 수 있다. 각 나라들이 통화스와프 협정을 맺으려고 하는 이유는 외환보유액이 많으면 환율이 안정되고 국가 신인도를 높일 수 있기 때문이다. 외화가 충분히 있어야 다른 국가의 금융자산이나 실물 자산, 원자재, 석유 등을 거래할 수 있다.

통화스와프 협정이 체결되면 외환위기 등 비상시에 상대국에 자국 통화를 맡기고 상대국 통화나 달러화를 빌려올 수 있다. 어느 한쪽에 외환위기가 발생하면 상대국이 약정한 금액 내에서 외화를 즉각 융통해줌으로써 유동성 위기를 넘길 수 있다는 장점이 있다. 반면, 환율에 따른 손실을 감수해야 하는 단점도 있다.

> **참고 스와프 거래**
>
> 외국환 매매의 한 방식으로, 외국환 거래에서 환 매매 당사자가 현물환과 선물환을 동시에 같은 금액으로 그리고 교차해 매매하는 것을 말한다. 스와프는 교환이라는 뜻을 갖고 있기 때문에 스와프 거래를 '체인지 오버(change over)'라고 부르기도 한다. 환자금 및 외환 보유액의 조절, 환시세의 변동을 회피하기 위한 수단으로 사용한다.

# 106

# 트럼프노믹스/아베노믹스
**Trumpnomics/Abenomics**

미국 트럼프 당선자는 '확장적 재정 정책'을 강조해왔다. 쉽게 말해, 세금은 줄이고 지출은 늘린다는 것이다. 그는 법인세는 세율을 35%에서 15%로 절반가량 낮추고, 소득세는 현행 7단계인 소득 과세 구간을 3단계로 축소하며, 이와 동시에 각 구간별 세율도 인하할 것이라는 공약을 했다. 주로 고소득자들의 세부담이 큰 상속세도 세율을 크게 낮춘다고 약속했다. 공공인프라 부문에만 향후 5년간 1조달러 가량을 투자하며, 재정 지출도 크게 늘린다고 밝혔다. 이런 기조는 '법인세 감세·부자 증세 반대'란 점에선 보수주의 경제학을 실천에 옮겼던 과거 레이건 정부 때와 큰 차이가 없다.

트럼프 당선자는 스스로를 "통화 완화와 저금리를 추구하는 사람"으로 설명하며, "고금리는 미국 경제에 위협이 된다"라고 주장해왔다. 이런 주장은 경기 부양을 위해 확장적 경제 정책을 내세운 것과 마찬가지로 금리 인상을 가능한 한 미루도록 압력을 행사할 것이라는 예상을 낳고 있다.

한편, 일본 수상 아베는 일본 경제가 직면한 과제를 디플레이션으로 봤다. 이러한 이유 때문에 양적완화를 실시해 통화량을 늘리고 물가상승률을 올려 디플레이션에서 탈출하겠다는 목표를 제시했다. 일본의 물가상승률은 1% 아래이므로 이런 관점에서 보면 2% 물가상승률을 목표로 했던 아베노믹스가 아직 성공한 것은 아니다. 올해 세계 경제가 호황 국면이어서 일본 국내총생산(GDP) 성장률이 1%는 웃돌겠지만, 기대했던 수준에는 미치지 못했다. 다만 일본은행이 양적완화를 실시하면서 '엔저(円低)'라는 큰 이점을 얻었다. 엔저로 인한 경제적 효과가 과거 3~4년간 사회 전체로 파급됐다. 기업 실적이 좋아지고 주가도 상승했으며 부동산 가격도 조금 올랐다.

# 107

# 트리클다운 효과
**trickle-down effect**

　정부가 투자를 늘려 대기업과 부유층의 부를 먼저 늘려주면 중소기업과 저소득층에게도 혜택이 골고루 돌아가 경기가 전체적으로 활성화된다는 이론을 말한다. 원래 이 말은 "흘러내린 물이 바닥을 적신다"라는 뜻으로, '적하정책(滴下政策)', '낙수효과(落水效果)', '물흐름효과', '하방침투효과'라고도 한다. 이 이론은 국부(國富)의 증대, 즉 분배보다는 성장, 형평성보다는 효율성에 초점을 맞춘 것이지만, 이를 뒷받침해주는 사회과학적 근거는 존재하지 않는다.

　1896년 미합중국 민주당 시카고 전당대회에서 윌리엄 브라이언은 "노동의 이마에 면류관을 씌우거나 인류를 금 십자가에 못박지 말라"라는 금 십자가(Cross of gold) 연설을 이용해 트리플 효과에 대해 처음으로 언급했다. 그는 이 연설에서 흠뻑 젖은 외투에서 물이 떨어지거나 추녀 끝에서 빗물이 떨어지는 '낙수(Trickle-down)' 대신 구멍 난 용기에서 물이 새는 '누수(Leak-through)'라는 표현을 썼다.

그러나 이는 현재 사용되는 낙수효과를 표현하는 정확한 표현이 아니며, 실제 오늘날 현대적 의미의 낙수효과라는 단어를 최초로 사용한 사람은 미국의 코미디언인 윌 로저스(Will Rogers)에 의해 만들어진 유머의 한 부분으로 실제 경제 이론이 아니다.

조지 부시는 대기업이 성장하면, 성장세가 하위 계층에게도 흘러가 긍정적인 영향을 미친다는 이유로 낙수 이론에 근거한 경제 정책을 채택했다. 하지만 그로부터 10년의 세월이 지난 후, 소득 격차, 기업의 사내유보금, 부채는 동시에 증가됐다.

프랑스의 경제학자 피케티가 쓴 『피케티의 자본』에 따르면, 미국이 1980년대 초반부터 신자유주의 낙수 효과를 채택한 이후 오히려 소득격차가 심화됐다. IMF에서는 상위 20%의 소득이 1%포인트 늘면 경제성장률은 0.08% 하락하고, 하위 20%의 소득이 1%포인트 상승하면 0.38% 증가했다는 정례보고서가 나왔다. 또한 경제학적 관점에서도 낙수효과 이론을 뒷받침해주는 과학적 근거가 없다는 점에서 사실상 허구 이론이라는 비판을 받는다.

알아두면 쓸 데 있는 **3분 생활 경제 상식**

# 파레토의 법칙
## Pareto's principle

적은 비율의 노력과 원인이 큰 비율의 결과로 나타나는 것을 말한다. 1897년 이탈리아 경제학자 빌프레도 파레토가 주장한 것으로, 그는 인간사의 다양한 통계 자료를 분석한 결과, 80/20 원칙이 여러 분야에 걸쳐서 나타나고 있었다고 밝혔다. 20%의 인구가 80%의 돈을 갖고 있었고, 20%의 근로자가 80%의 일을 했으며, 20%의 소비자가 전체 매출액의 80%를 차지하고 있었다. 이는 어느 시대, 어느 국가를 막론하고 나타나는 현상이었다. 숫자상으로 완벽하게 80%와 20%로 맞아떨어지는 것은 아니지만, 대부분의 경우 거의 이에 가까운 값을 가진 것으로 나타났다. 파레토의 법칙은 '80/20 법칙', '최소 노력의 원칙'이라고도 불린다.

# 파킨슨의 법칙
## Parkinson's principle

영국의 역사, 정치학자인 파킨슨이 제시한 사회 생태학적 법칙이다. 그는 이 법칙에서 현재 사회의 작동 원리를 신랄하게 풍자했는데 그중 하나가 "조직에서 관리자의 수는 해야 할 업무의 양과는 관계없이 증가한다"라는 것이다. 즉, 사람이 상위 직급으로 올라가기 위해서는 부하의 수를 늘릴 필요가 있으므로 조직 구성원의 수는 일의 유무나 사안의 경중에 관계 없이 일정하게 증가한다는 것이다. 다시 말해, 조직은 주어진 구실이나 업무와는 관계 없이 사람의 숫자를 늘리는 속성이 있음을 의미한다.

파킨슨의 조사에 따르면, 제1차 세계대전이 일어난 1914년 당시 영국 해군의 주력함은 62척이었는데, 전쟁이 끝난 14년 후 군함은 3분의 1로 줄었고, 10만 명이었던 해군 병사의 수도 30%로 줄었다. 그럼에도 해군성의 공무원 수는 3,600명으로 80%가량 더 늘어났다. 제2차 세계대전 전인 1,935년 8,120명이었던 해군성의 인

원도 1954년에는 3만 3,790명으로 늘어났다. 공무원의 생리가 승진을 위해 부하를 늘리려고 했기 때문이다. 사람이 늘어나면 일이 늘어나고, 일이 늘면 사람도 늘어나고, 조직의 규모도 늘어나며, 직급이 늘어나 승진의 기회도 그만큼 늘어나게 된다. 파킨슨은 이러한 사례를 바탕으로 대기업병이나 공무원의 관료 조직의 병폐가 바로 이와 같은 조직의 속성 때문에 발생한다고 주장했다.

파킨슨은 공무원의 수가 업무량과 상관없이 늘어나는 요인을 설명하면서 공무원이 과중한 업무를 처리해야 할 경우, 동료에게 도움을 받아 경쟁자를 늘리기보다 부하를 늘리는 방법을 선택한다는 것과 혼자 처리할 수 있는 업무를 부하에게 지시함으로써 결국 서로를 위해 계속 일거리를 제공하는 결과를 초래한다는 점을 근거로 들었다.

# 110

# 퍼플오션
## purple ocean

홍콩의 컨설팅 회사인 '트라이 코어 컨설팅'의 수석 컨설턴트인 조렁 박사가 2006년 처음 사용한 용어로, 치열한 경쟁 시장인 '레드오션'과 경쟁자가 없는 미개척 시장인 '블루오션'에서 유래한 말이다. 퍼플오션은 빨간색과 파란색을 섞으면 보라색이 된다는 뜻에서 붙여진 이름으로, 새로운 기술이나 아이디어 등으로 레드오션 내의 블루오션을 개척하는 전략이라고 할 수 있다.

사업자의 입장에서는 새로운 아이디어를 통해 블루오션을 개척하는 것이 이상적이지만, 이것이 말처럼 쉬운 것이 아니다. 하지만 이미 시장성이 증명된 분야에서 약간의 아이디어 수정만으로 새로운 제품을 생산할 수 있다면 블루오션을 찾는 데 걸리는 시간과 비용을 절감할 수 있음은 물론, 레드오션에서 벗어나는 일석이조의 효과를 거둘 수 있다. 다시 말해 시간 대비 효율이 매우 높은 전략이라고 할 수 있다.

퍼블오션의 대표적인 사례로는 '원 소스 멀티 유즈(one source multi use)'를 들 수 있다. 이 말은 하나의 콘텐츠로 다양한 파생상품을 만들어낸다는 뜻이다. 인기 있는 만화를 이용해 게임, 뮤지컬, 공연 등을 기획하거나 만화 캐릭터를 장난감, 식품에 접목하는 것이 대표적인 예라고 할 수 있다.

---

**참고 레드오션**

현재 존재하는 모든 산업 영역을 말한다. 시장에 이미 알려진 분야로서 치열한 경쟁을 통해 생존해야 한다는 특징이 있다. 수익과 성과에 대한 기대치가 낮으며, 시장에 경쟁의 논리가 지배한다. 레드오션에서는 경쟁자 벤치마킹 등이 전략적으로 활용된다.

# 111

**펀드의 종류**

펀드는 여러 사람이 모은 뭉칫돈을 전문가가 맡아 대신 투자하는 것을 말한다. 주식이나 채권, 부동산 등에 투자하고 싶지만 가진 돈도 적고 전문 지식이 없어 고민하는 사람에게 조금씩 돈을 받아 뭉칫돈을 만든 후 이를 펀드매니저라고 불리는 전문가가 굴려 수익(또는 손실)을 되돌려준다. 펀드의 종류는 다음과 같다.

① 사모펀드: 비공개적으로 소수의 투자자로부터 돈을 모아 기업을 사고파는 것을 중심으로 운영되는 펀드다. 불특정 다수를 대상으로 하는 공모펀드와 달리 회원들의 구성이 제한적이다. 일반적으로 정부 규제를 덜 받고, 기대 수익률은 높지만 리스크 역시 크다.

② 벌처펀드: 부실기업을 저가에 인수해 구조조정을 통한 인력 정리, 부동산 매각 등의 방법을 통해 자산 구조를 개선해 기업을 정상화시키고 되파는 기업 혹은 자금을 말한다.

③ 헤지펀드: 레버리지를 기법을 이용해 최소한의 손실로 최대한의 이익을 얻는 것을 목표로 하는 투자 방식을 말한다. 헤지펀드는 소수의 투자자들을 비공개로 모집해 절대 수익을 남긴다. 헤지펀드는 다른 종류의 투자펀드와 비교했을 때, 리스크가 높기 때문에 정부의 규제가 적은 편이다.

④ 역외펀드: 주식투자 대상국이 아닌 제3국에서 조성된 펀드다. 역외펀드는 투자자가 속한 국가의 조세 제도나 운용상의 제약을 피할 수 있고, 조세·금융·행정 면에서 여러 가지 이점을 누리려는 목적으로 이용된다. 우리나라에 오는 펀드도 대부분 매매 차익에 따르는 과세가 없고, 자산 운용상 법적 규제가 없는 버뮤다·아일랜드 등 조세 피난지에 본거지를 둔 경우가 많다.

⑤ 국부펀드: 정부 자산을 운영하며, 정부에 의해 직접적으로 소유되는 기관을 말한다. 국부펀드는 주식, 채권, 재산과 다른 금융 상품으로 구성된다.

⑥ 인덱스펀드: 주가지수가 오르는 만큼의 수익률을 내는 펀드다. 만약, 주가지수가 25% 올랐다면 인덱스펀드도 25% 수익률을 내는 것을 목표로 한다. 다른 펀드들은 어떻게 운용하느냐에 따라 수익이 확연하게 차이가 나지만, 인덱스펀드는 어느 펀드이든 수익률 차이가 별로 나지 않는다.

⑦ 모자펀드: 동일한 자산운용사의 여러 개별펀드(자펀드)의 신탁 재산을 모펀드에서 통합해 운용하고 자펀드는 모펀드의 수익증권을 편입해 운용하는 집중 관리 형태의 펀드를 말한다.

⑧ 뮤추얼펀드: 주식회사 방식으로 운영되는 펀드를 뜻한다. 보통 뮤추얼 펀드는 개방식 투자 신탁이다.

**참고 펀드 매니저**

투자 신탁, 연금 등의 기관 투자가나 개인 투자가의 자산이 최대한의 투자 수익을 올릴 수 있도록 투자 전략에 대한 정보를 제공하고 계획을 세워 운용하는 사람으로, '금융 자산 운용가'라고도 한다. 펀드 매니저가 하는 일은 다음과 같다.

① 전문 지식에 기초해 증권사나 고객이 위탁한 자산을 운용한다.

② 간접 투자 상품을 개발해 투자 고객들에게 판매하고, 투자 신탁의 재산을 운용하거나 기관 투자가의 펀드를 관리, 운용한다.

③ 개인 투자자나 기관 투자가에게 투자에 관한 지식을 제공하고, 자산운용 등에 관한 조언을 한다.

④ 운용 자산의 특징에 맞춰 효율적인 투자 계획을 세우고, 자금 사정의 변화와 주식 시장의 변동 및 장래 시장의 흐름을 파악하여 투자전략을 세운다.

⑤ 투자 배분상의 손실 위험을 피하기 위해 주식, 채권, 파생 상품, 현금 등으로 구분해 운용한다.

# 112

# 프로슈머
**prosumer**

생산자와 소비자의 역할을 동시에 하는 사람을 말한다. '생산형 소비자' 또는 '참여형 소비자'라고도 한다. 이 개념은 1972년 마셜 맥루언과 베링턴 네빗의 저서인 『현대를 이해한다(원제: Take Today)』에서 "전기 기술의 발달로 소비자가 생산자가 될 수 있다"라는 말 때문에 처음 등장했지만, '프로슈머'라는 단어는 1980년 앨빈 토플러가 『제3물결』에서 처음으로 사용했다.

생산자와 소비자가 결합됐다는 것은 소비자는 하지만 제품 생산에도 기여한다는 의미며, 전문가와 소비자가 결합된 경우는 비전문가지만, 타 전문가의 분야에 기여한다는 의미다. 프로슈머는 기존 소비자와는 달리 생산 활동 일부에 직접 참여하는데, 이는 각종 셀프 서비스나 DIY(Do It Yourself) 등을 통해 나타나고 있다. 또한 이들은 인터넷의 여러 사이트에서 자신이 새로 구매한 물건(특히 전자제품)의 장단점, 구매 가격 등을 다른 사람들과 비교, 비판함으로써 제품 개발과 유통 과정에 직간접적으로 참여할 수 있다.

프로슈머의 등장을 촉진한 요소로는 전체적 소득 및 여가 시간의 증대, 인터넷 등 통신 매체의 발달로 인한 정보 확보의 용이, 전기·전자 기술의 발달로 인한 각종 장비 가격의 하락 등을 들 수 있다.

초기의 프로슈머들은 제품 평가를 통해 생산 과정에 의견을 반영하거나 타깃 마케팅의 대상이 되는 등의 간접이고 제한적인 영향력만을 행사했다. 하지만 인터넷의 보급과 함께 이들은 보다 직접적이고 폭넓은 영향력을 행사하며, 때로는 불매 운동이나 사이버 시위와 같은 과격한 방법으로 자신들의 의견을 반영하기도 한다.

프로슈머는 소비자의 의견을 생산자에게 반영한다는 점에서 긍정적인 현상으로 평가받지만, 인터넷 매체의 특성상 허위사실을 유포하거나 안티(anti) 문화를 형성하기도 한다는 비판을 받고 있다.

# 113

# 필터버블
**Filter Bubble**

아마존, 페이스북, 구글 등과 같은 거대 IT업체들이 알고리즘 필터를 이용해 사용자에게 맞는 맞춤형 정보를 제공하는 기술을 말한다. 개인에게 맞춤화된 정보 서비스는 당장 편리하고 유용한 것처럼 보인지만, 특정 정보만 받아들여 필연적으로 정보의 왜곡 현상이 일어날 수밖에 없다.

필터버블은 미국 시민단체 무브온(Move on)의 엘리 프레이저(Eli Pariser)가 자신의 저서 『생각 조종자들(원제: The Filter Bubble)』에서 인터넷 시대의 위험성을 경고하면서 처음 사용한 용어다. 개인 맞춤형 콘텐츠 추천 시스템은 넘쳐나는 정보 속에서 개인의 취향에 맞는 정보만 '필터링'해서 볼 수 있다는 점에서 편리하다. 하지만 필터링된 정보는 개인의 고정관념이나 편견을 강화할 수 있고, 제공된 정보에 의해 생각이 조작될 가능성이 있다.

제3장

# 기타

# 아그레망

**agrément**

특정인을 외교사절로 파견하려면 사전에 상대국의 동의가 필요하다. 그 개인에 대한 상대국의 승인을 '아그레망'이라고 한다. 아그레망은 '동의·승인'이라는 뜻으로 아그레망을 받은 사람을 '페르소나 그라타(persona grata)', 아그레망을 받지 못한 사람을 '페르소나 논그라타(persona non grata)'라고 한다.

통상 외교사절을 상대국에 파견할 때 아그레망이라 해 상대국의 동의를 사전에 구하는 것이 관례다. 외교사절로 인선(人選)된 특정인은 능력이 검증된 사람이므로 일반적으로 접수국은 인선된 사람을 외교사절로 받아들이게 된다. 하지만 정치적인 이유나 기타 다른 이유로 인해 아그레망을 부여하지 않는 경우도 있는데, 이를 '페르소나 논그라타(persona non grata)'라고 한다. 이 제도는 정식 통고 이전에 비공식적으로 타진하는 것으로, 이는 외교사절이 부임했을 경우 상대국의 거절로 인한 국제분쟁을 미연에 방지하기 위해 생긴 것이다.

# 아포스티유

**apostille**

국내 및 국외에서 발행한 문서를 인정받고 사용하기 위해 확인을 받는 일종의 공증절차다. 쉽게 말해, 협약국 간 문서 확인 절차로, 문서를 발급한 국가에서 해당 문서가 틀림없음을 증명하는 과정이다. 예컨대 미국에서 대학을 졸업하고 졸업 증명서를 한국에 있는 대학원이나 직장에 제출해야 할 때, 그 졸업 증명서가 미국에서 졸업한 학교에서 발급된 것임을 보증하는 절차라고 할 수 있다.

아포스티유는 국가 간에 서로 협약을 맺어 '상대국 외교부의 확인'만으로 해당 문서가 진본임을 믿겠다는 의미다. 원래 상대국 문서는 상대국 주재 '본국 영사관'에서 직접 확인하는 게 정상이다. 하지만 이런 절차는 매우 번거롭기 때문에 협약을 맺어 문서 생산국 확인만으로 공문서의 효력을 쉽게 인정받을 수 있게 한 제도다. 우리나라의 경우, 외교부와 법무부가 아포스티유 권한 기관으로 지정돼 있다.

# 알파고 제로
## alphaGo zero

구글 딥마인드가 공개한 새로운 인공지능을 말한다. 2016년 3월 이세돌 9단을 꺾었던 인공지능 '알파고'보다 더 강력한 버전이다. 알파고제로는 바둑 규칙 이외에 정석이나 기보 등 어떠한 사전 지식도 없는 백지 상태에서 출발한다. 그리고 스스로 바둑을 두면서 데이터를 쌓고 바둑의 원리를 터득했다.

기존 알파고는 인간이 미리 정해놓은 정석을 외우거나 기보를 학습하는 방식으로 바둑을 배웠다. 반면, 알파고 제로는 독학으로 36시간 만에 기존 버전을 넘어섰다. 이 과정에서 인간이 알고 있는 정석을 스스로 깨달았을 뿐 아니라 독특한 정석을 개발하기도 했다. 알파고 제로의 등장은 인간의 한계를 뛰어넘는 '강인공지능(Strong AI)' 연구의 중요한 이정표가 될 것으로 보인다.

# 어나니머스
**anonymous**

전 세계 해커들이 모인 가상의 사회 운동 단체를 말한다. 이들은 해킹을 투쟁 수단으로 삼아 자신들의 의사에 반하는 특정 국가나 대상을 공격한다. 'Anonymous'는 '익명'이라는 뜻으로, 공식적인 조직 체계가 아닌 전 세계 곳곳에 점조직으로 흩어져 네트워크를 형성하고 있다. 미국의 시사주간지인 TIME 지가 세계에서 가장 중요한 100인의 하나로 선정할 만큼 이들의 영향력은 상당한 편이다.

어나니머스는 상설 조직이나 규약이 없는 것으로 알려져 있다. 당연히 직위도 없고 위계질서도 없다. 따라서 누구 말을 들을 필요도, 복종할 이유도 없다. 다만 인터넷상에서 누가 해킹을 제안했을 때 자신의 의사에 맞으면 동참하고, 해킹에 성공하면 어나니머스란 이름을 갖다 붙인다.

# 인용·기각·각하에 대한 용어 이해

① 인용: 소를 제기한 측의 의견이 옳다고 생각하는 경우다. 헌법 재판관 9명 중 6명 이상이 찬성할 경우 '인용' 결정이 나온다. 탄핵 인용 결정이 내려지면 대통령은 즉시 파면되고, 60일 이내에 보궐 선거를 실시해야 한다.

② 기각: 인용과 반대되는 의미로 심판 청구 이유가 타당하지 않은 경우를 말한다. 즉, 대통령은 즉시 업무에 복귀하고, 탄핵 소추 기간 중 정지됐던 대통령의 권한도 자동 복권된다.

③ 각하: 탄핵 청구 자체가 법률이 정한 형식적인 요건을 갖추지 못해 절차상 하자가 있다고 판단하는 것을 말한다. 재판관 5명 이상이 판정해야 이뤄진다. 이 경우 역시 탄핵심판 자체가 없던 것이 되기 때문에 대통령은 곧바로 업무에 복귀하게 된다.

# 컴퓨터 기억 용량 단위

① 비트(Bit)

'binary digit'의 약자로, 컴퓨터 데이터의 가장 작은 단위를 말한다. 컴퓨터는 0과 1의 조합(이진법)으로 수의 계산과 논리연산을 한다. 즉 컴퓨터와 같이 전기로 움직이는 디지털에선 OFF(0) ON(1)의 두 가지 경우밖에 없다. 이러한 0과 1로 표현되는 정보의 처리 단위가 바로 비트다.

② 바이트(Byte) = 1Byte = 8Bit

그러나 비트 하나로는 '0 또는 1'의 두가지밖에 표현할 수 없다. 그래서 이를 일정한 단위로 묶어 바이트(byte)라 하고, 정보를 표현하는 기본 단위로 삼고 있다. 일반적으로 8개의 비트를 하나로 묶어 1Byte라 하고 있으며, 1Byte가 표현할 수 있는 정보의 개수는 $2^8$ = 256 개가 된다. 바이트는 256 종류의 정보를 나타낼 수 있어 숫자, 영문자, 특수문자 등을 모두 표현할 수 있다.

③ 킬로바이트(KB) = 1KB = 1,024Byte
(1024바이트가 모이면 1킬로바이트가 된다)

④ 메가바이트(MB) = 1MB =1,024KB
(1024킬로바이트가 모이면 1메가바이트가 된다)

⑤ 기가바이트(GB) = 1GB = 1,024MB
(1024메가바이트가 모이면 1기가바이트가 된다)

⑥ 테라바이트(TB) = 1TB = 1,024GB
(1024기가바이트가 모이면 1테라바이트가 된다)

⑦ 페타바이트(PB) = 1PB = 1,024TB
(1024테라바이트가 모이면 1페타바이트가 된다)

⑧ 엑사바이트(EB) = 1EB = 1,024PB
(1024페타바이트가 모이면 1엑사바이트가 된다)

알아두면 쓸 데 있는 **3분 생활 경제 상식**

# 120

# 인티파다
intifada

봉기, 반란, 각성 등을 뜻하는 아랍어로, 팔레스타인 사람들의 반이스라엘 저항 운동을 말한다. 제2차 세계대전 후 UN(국제연합)이 이스라엘만을 국가로 인정함에 따라 팔레스타인들이 이스라엘의 통치에 저항해 봉기를 일으킨 것을 의미한다.

1987년 팔레스타인 청년들이 이스라엘 군용 트럭에 깔려 숨지는 사건이 발생하면서 1차 인티파다가 일어난다. 1993년까지 계속된 1차 인티파다는 전 세계의 관심을 불러일으켰고, 그 결과 이스라엘과 팔레스타인해방기구는 오슬로 평화협정을 체결하게 된다. 이후 2000년 9월 이스라엘 극우 정치인 아리엘 샤론이 무슬림 성지인 동예루살렘의 알-아크사 사원을 도발적으로 방문하면서 2차 인티파다가 일어난다. 이 사건으로 오슬로 평화협정은 깨졌고, 이스라엘은 팔레스타인 자치지구를 다시 점령하게 된다.

최근까지 미국과 국제사회는 이스라엘 점령지 안에 팔레스타인 국가를 건설해 독립시키는 '2국가 체제'를 통해 중동 분쟁을 종식하자는 계획을 추진해왔다. 하지만 지난 6일 트럼프 미국 대통령이 예루살렘을 이스라엘의 수도로 인정한다고 공식 선언하면서 제3차 인티파다를 유발할 가능성이 높아지고 있다.

---

**참고 오슬로 평화 협정**

팔레스타인 자치에 대한 원칙적인 합의와 이스라엘, PLO의 상호 인준으로 체결된 협정이다. 협정의 내용으로는 이스라엘군의 재배치와 철수, 예루살렘과 점령지의 최종 지위 협상, 유대인 정착촌, 팔레스타인 자치와 선거, 과도기 협정, 경제 조항, 난민 문제 등을 들 수 있다.

# 컨벤션 효과
**convention effect**

전당대회나 후보 경선과 같은 정치 이벤트 직후 지지율이 급등하는 현상을 말한다. 컨벤션 효과는 정치 분야뿐 아니라 경제, 사회, 문화 등 전 분야에 걸쳐 널리 응용되고 있으며, 보통 특정 이벤트를 거치면서 관심이 커지는 상태를 나타내는 말로 쓰인다.

'컨벤션(convention)'이라는 말은 라틴어 'cum(together)'의 'con'과 'venire(to come)'의 'vene'을 합성한 것이다. 즉 '함께 와서 모인다'는 뜻으로, 전시회를 포함해 정보 교류나 회의, 토론 등 좀 더 포괄적인 의미로 쓰이기도 한다.

# 파라다이스 페이퍼스

**paradise papers**

각국 주요 인사들의 조세 회피 정황이 담긴 파일을 말한다. 이 파일에는 엘리자베스 2세 영국여왕을 포함해 각국 정상과 유명 정치인, 연예인 등이 포함된 것으로 드러났다. 국제탐사보도언론인협회(ICIJ)는 버뮤다의 로펌 '애플비(Appleby)' 등에서 입수한 조세도피처 관련 파일을 분석해 공개했다.

'애플비'는 1898년 영국 식민지이던 버뮤다에 설립된 법률회사로, 주로 국제 법률체계의 허점을 파고들어 조세도피처를 이용해 검은 돈을 숨기거나 세금을 줄여주는 서비스를 제공한다.

이 문서에는 유명 정치인과 정부관계자, 마돈나 같은 연예인들도 포함된 것으로 밝혀졌다. 또 페이스북, 애플, 마이크로소프트, 우버, 맥도날드 등 다국적 기업들도 포함돼 있으며, 한국인 200여 명과 한국인이 세운 법인 90여 개도 있었다.

# 프레카리아트
precariat

이탈리아어 '불안정하다(Precario)'와 노동자를 뜻하는 영어 '프롤레타리아트(Proletariat)'의 합성어로, 안정적인 고용 전망을 갖지 못한 사람들을 뜻한다. 보통 불안정한 노동 상황에 놓인 파견·용역 등 비정규직, 실업자, 노숙인 등을 총칭할 때 사용된다.

원래 프레카리아트는 1980년대 프랑스 사회학자들이 처음 사용한 용어로, 임시직 노동자나 계절 노동자를 뜻했다. 최근에는 인간의 노동이 인공지능으로 대체된 미래사회에서 '단순 노동에 종사하며 힘겹게 살아가는 계층'을 뜻하는 의미로 확대돼 사용되고 있다.

# 프로퍼블리카
## propublica

탐사보도[1]를 전문으로 하는 미국의 인터넷 언론사를 말한다. 공공의 이익을 위한 '돈과 권력으로부터 독립'을 표방하고 있다. 40년 동안 기자생활을 하던 폴 스타이거가 전·현직 기자 30여 명과 함께 설립한 '비영리 탐사전문' 매체다.

이들은 자본과 권력으로부터 독립된 언론을 추구하며 공익을 위한 보도를 목표로 한다. 프로퍼블리카는 온라인 언론매체 최초로 2010년 퓰리처상을 수상해 화제가 된 바 있다.

월스트리트 저널 편집국장 '폴 스타이거'는 2007년 언론재벌 루퍼트 머독이 월스트리트 저널을 인수하자 사표를 제출한다. 이때 투자회사 골든웨스트파이낸셜을 매각해 막대한 자금을 확보한 샌들러부부가 폴 스타이거에게 자본과 권력으로부터 독립된 언론사

---

1) "사실은 진실이 아니다"라는 명제하에 사건의 이면을 적극적으로 파헤치는 언론 보도 방식을 말한다. 주요 탐사 대상은 정부, 기업, 대형 병원, 재단, 언론사, 대학, 노조에 이르기까지 힘을 지닌 곳들이다.

알아두면 쓸 데 있는 **3분 생활 경제 상식**

를 제안한다. 폴 스타이거는 샌들러 재단으로부터 해마다 1,000만 달러(약 110억 원)를 기부받되, 어떤 논조의 무슨 기사를 작성하든 관여하지 않겠다는 전제로 프로퍼블리카를 설립한다.

프로퍼블리카는 현재 3일에 1개꼴로 기사를 내며, 기자가 1년 동안 쓰는 기사는 평균 3건, 취재 내용에 따라 3년의 시간이 걸리기도 한다.

# 125

# 빅데이터
### big data

기존 데이터베이스 관리 도구의 능력을 넘어서는 대량(수십 테라바이트)의 정형 또는 데이터베이스 형태가 아닌 비정형의 데이터 집합도 포함한 데이터로부터 가치를 추출하고 결과를 분석하는 기술을 말한다.

디지털 경제의 확산으로 인해 우리 주변에는 규모를 알 수 없을 정도로 많은 양의 정보와 데이터가 생산되는 빅데이터 환경이 도래하고 있다. 예를 들어 1분 동안 구글에서는 200만 건의 검색이 행해지고, 유튜브에서는 72시간의 비디오가 실행되며, 트위터에서는 27만 건의 트윗이 생성된다.

다양한 종류의 대규모 데이터에 대한 생성, 수집, 분석, 표현을 그 특징으로 하는 빅데이터 기술의 발전은 다변화된 현대 사회를 더욱 정확하게 예측해 효율적으로 작동할 수 있도록 하고, 개인화된 현대 사회 구성원마다 맞춤형 정보를 제공, 관리, 분석할 수 있도록 하며, 과거에는 불가능했던 기술을 실현시키기도 한다. 이와 같이 빅데이터는 정치, 사회, 경제, 문화, 과학 기술 등 전 영역에 걸쳐서 사회와 인류에게 가치 있는 정보를 제공할 수 있는 가능성을 제시하면서 그 중요성이 부각되고 있다.

하지만 빅데이터는 사생활과 보안 측면에서의 문제점을 안고 있다. 빅데이터는 수많은 개인의 정보 집합이기 때문에 빅데이터를 수집, 분석할 때 개인들의 사적인 정보까지 수집해 관리하는 폐단을 낳을 수 있다. 그리고 그렇게 모은 데이터가 보안 문제로 유출되면, 사회적으로 큰 문제가 될 수 있다.

# 찾아보기

알아두면 쓸 데 있는 **3분 생활 경제 상식**

# MEMO